Eva-Maria Recker

Der Trainer im Reitsport

Eva-Maria Recker

Der Trainer im Reitsport

Analyse der Trainersituation im Reitsport und daraus abgeleitete Konsequenzen für die Trainerausbildung

Trainerverlag

Impressum/Imprint (nur für Deutschland/only for Germany)
Bibliografische Information der Deutschen Nationalbibliothek: Die Deutsche Nationalbibliothek verzeichnet diese Publikation in der Deutschen Nationalbibliografie; detaillierte bibliografische Daten sind im Internet über http://dnb.d-nb.de abrufbar.

Coverbild: www.ingimage.com

Verlag: Der Trainerverlag ist ein Imprint der
Südwestdeutscher Verlag für Hochschulschriften GmbH & Co. KG
Dudweiler Landstr. 99, 66123 Saarbrücken, Deutschland
Telefon +49 681 37 20 271-1, Telefax +49 681 37 20 271-0
Email: info@verlag-trainer.de

Herstellung in Deutschland:
Schaltungsdienst Lange o.H.G., Berlin
Books on Demand GmbH, Norderstedt
Reha GmbH, Saarbrücken
Amazon Distribution GmbH, Leipzig
ISBN: 978-3-8417-5019-8

Imprint (only for USA, GB)
Bibliographic information published by the Deutsche Nationalbibliothek: The Deutsche Nationalbibliothek lists this publication in the Deutsche Nationalbibliografie; detailed bibliographic data are available in the Internet at http://dnb.d-nb.de.

Cover image: www.ingimage.com

Publisher: Trainerverlag
is an imprint of the publishing house
Südwestdeutscher Verlag für Hochschulschriften GmbH & Co. KG
Dudweiler Landstr. 99, 66123 Saarbrücken, Deutschland
Phone +49 681 37 20 271-1, Fax +49 681 37 20 271-0
Email: info@verlag-trainer.de

Printed in the U.S.A.
Printed in the U.K. by (see last page)
ISBN: 978-3-8417-5019-8

Inhaltsverzeichnis

Abkürzungsverzeichnis

Abb.	Abbildung
APO	Ausbildungs- Prüfungs- Ordnung
bzw.	beziehungsweise
et al.	et alteri (und andere)
etc.	et cetera (und so weiter)
Aufl.	Auflage
D	Dressur
d.	der/die/das
DOSB	Deutscher Olympischer Sportbund
DRFV	Deutsche Reiter- und Fahrer- Verband e.V.
erw.	erwachsene
e.V.	eingetragener Verein
FN	Deutsche Reiterliche Vereinigung e.V.
Fr.	Frage
Hrsg.	Herausgeber
i.d.R.	in der Regel
Kap.	Kapitel
LE	Lehreinheiten
LV	Landesverband
Min.	Minuten
MW	Mittelwert
o.V.	ohne Verfasserangabe
S	Springen
S.	Seite
s.	siehe
SD	Standardabweichung
Tab.	Tabelle
Tr.	Trainer
versch.	verschiedene/r
vgl.	vergleiche
VS	Vielseitigkeit
zw.	zwischen

Abbildungsverzeichnis

Tabellenverzeichnis

1 Einleitung

„Eigentlich kann nur einer alle Erwartungen erfüllen, die an einen Trainer gestellt werden: Supermann!“ Dieses provokante Ergebnis äußerte Lothar Linz auf der 3. FN-Bildungskonferenz mit dem Titel „Der Stellenwert des Trainers im Pferdesport“ (Borchardt 2010, S. 8).

> „Sein Tätigkeitsprofil verlangt sport- und sportartspezifische Fachkenntnisse, sowohl aus dem engeren trainingswissenschaftlichen Bereich wie auch flankierende Kenntnisse aus anderen Wissenschaftsdisziplinen (Sozial-, Erziehungswissenschaften, Psychologie.“ (Röthig, P., & Prohl, R. 2003, S. 602)

Diese allgemeine Auffassung hat sich seit der ersten Ausgabe des Sportwissenschaftlichen Lexikons (1972) in der Formulierung niedergeschlagen und bis heute inhaltlich nicht entscheidend geändert. Das Problematische bei dieser Definition ist, dass engagierte und gute Laien, wenn man die Amateurreitlehrer so nennen will, mit erwerbstätigen und pädagogischen Experten, wie Sportlehrern oder Pädagogen, verglichen werden. Dieser Vergleich zwischen einem freiwilligen Trainer und einer Person aus einem berufsförmigen Expertensystem ist charakteristisch für den praktischen und wissenschaftlichen Diskurs über das Aus- und Weiterbildungssystem des Deutschen Sportbundes[1] und seiner Mitgliedsorganisationen (Jütting 2004, S. 92).

Insgesamt steht die Trainerforschung allerdings noch am Anfang. Trotz der Tatsache, dass der Trainer in vielen Sportarten und auch im Reitsport als eine der wichtigsten Sozialfiguren gilt, liegt über ihn kaum wissenschaftliches Wissen vor. Ein Grund dafür ist sicherlich, dass bei allen Trainer-Studien das Problem der Datenerhebung auftritt. Es gibt kein allgemein zugängliches Verzeichnis der Lizenzinhaber oder der Absolventen der Trainerausbildung, weder für den Deutschen Olympischen Sportbund (DOSB) noch für die Deutsche Reiterliche Vereinigung e. V. (FN). Aufgrund der bisher nicht vorhandenen wissenschaftlichen Arbeiten und Untersuchungen im Bereich der Trainerforschung, speziell im Reitsport, hat die vorliegende Studie insgesamt

1 Mittlerweile: Deutscher Olympischer Sportbund (DOSB)

einen entdeckenden und beschreibenden Charakter über einen Ausschnitt des Reitsports, der für viele Pferdesportbegeisterte Teil ihres Alltags ist.
Fest steht, ein Trainer soll Pädagoge, Lehrer, Experte, Motivationsvermittler, Betreuer, Organisator und vieles mehr sein. In seinem Handeln wird er dabei von seinen Schülern nicht als einer ihresgleichen wahrgenommen, sondern als ein anderer, eine Art Fachmann für das Vermitteln von Wissen, Fähigkeiten und Fertigkeiten und das Organisieren von Interaktionsprozessen (Jütting 2004, S. 91).

Im Pferdesport erweitert sich das Anspruchsprofil des Trainers noch einmal um die Dimension des Pferdes. Der Pferdesport ist in besonderem Maße durch die Verantwortung für das Pferd geprägt. Es sind vor allem Kompetenzen wie soziale Verantwortung, Zuverlässigkeit, Teamfähigkeit und Fairness, die ein Trainer im Reitsport bei seinen Schülern beeinflussen und fördern sollte. Breido Graf zu Rantzau, Präsident der FN, fasste dies auf der 2. Bildungskonferenz folgendermaßen zusammen:

> „Die Anforderungen an den Ausbilder im Pferdesport sind hoch. Er muss Vorbild und Lehrer, Animateur, Stallmanager, Turnierbegleiter und Seelentröster sein und mit dem Menschen ebenso umgehen können wie mit Pferden. In der Regel sollte er auch noch gut reiten und Pferde ausbilden können.“ (zu Rantzau 2009, S. 5)

Die Lizenzstufen im Reitsport sind, wie in anderen Sportarten auch, in die Qualifikationsstufen C, B und A unterteilt. Jede Stufe teilt sich dann nochmals in die Bereiche Breitensport und Leistungssport auf. In der vorliegenden Arbeit werden Reitlehrer mit C, B, und A Qualifikationen sowohl im Bereich Breiten- als auch Leistungssport betrachtet. Außerdem werden Trainer mit einer Qualifikation für den Schulsport berücksichtigt.

Stellt man Anforderungen, wie die oben genannten, an einen Trainer, muss man sicherlich auch berücksichtigen, in welchem Einsatzfeld (zum Beispiel Gesundheitssport, Rehabilitationssport, Breitensport, Leistungs- und Spitzensport) dieser arbeitet.

> „Innerhalb dieser Arbeitsfelder hat sich das Anforderungsprofil des Trainers zweifelsfrei zum Teil erheblich verändert. Für alle Trainer im Sport steht aber fest: Sie müssen in erster Linie Experten für Training (und im Leistungssport darüber hinaus auch für den Wettkampf) und Pädagogen sein." (Nordmann 2009, S. 11)

Aus der Notwendigkeit heraus, mehr über die Rolle der Trainer zu erfahren, ist das Ziel der vorliegenden Arbeit, die Situation der Trainer im Reitsport grundlegend zu analysieren. Mit Hilfe einer standardisierten Befragung werden Informationen über eine repräsentative Stichprobe von knapp 1000 Trainern[2] erfasst. Das Hauptaugenmerk liegt auf folgenden Fragestellungen:

- Wie sieht die Gesamtheit der Trainer im Reitsport in Deutschland aus?
- In welchen Bereichen und unter welchen Bedingungen gehen die Trainer ihrer Arbeit als Reitlehrer nach?
- Welche Motive haben die Trainer, die Ausbildung zu absolvieren und als Reitlehrer zu unterrichten? Und wie nehmen sich die Trainer dabei selbst wahr?
- Wie bewerten die Trainer die Inhalte der Trainerausbildung?

Zielsetzung ist es, einen Überblick über die aktuelle Situation der Reitlehrer in Deutschland zu erhalten und deren „reale Alltagssituation" darzustellen. Darauf aufbauend werden Handlungsempfehlungen für Entwicklungsmaßnahmen in der Trainerausbildung ausgesprochen. Die Relevanz dieses Themas begründet sich unter anderem darin, dass zukünftig die Trainerausbildung zielgruppenorientierter gestaltet werden kann. Für die FN sowie die einzelnen Landesverbände ist es von Interesse, ihre eigene Trainersituation zu kennen und möglicherweise mit anderen Ländern oder Landesverbänden zu vergleichen. Durch eine realistische Einschätzung der eigenen Trainerausbildung werden Stärken und Schwächen identifiziert, so dass gegebenenfalls geeignete Verbesserungsmaßnahmen ergriffen werden können. Auch

---

2 Die vorliegende Arbeit bezieht sich auf Reitlehrerinnen und Reitlehrer mit Trainerqualifikation im gesamten Bundesgebiet. Die Geschlechterverteilung der Stichprobe ähnelt der der Grundgesamtheit: 92,2 Prozent Frauen, 7,8 Prozent Männer. Trotz dieser Verteilung wird in der Arbeit zugunsten des Leseflusses und der Verständlichkeit nur die maskuline Form verwendet. Dies soll nicht darüber hinwegtäuschen, dass der deutlich größere Teil dieser Personen weiblich ist.

die Ausbilder selbst können von den Erkenntnissen einer Qualitätsanalyse der Trainerausbildung profitieren: Zum einen, wenn sie noch weitere Qualifikationen erwerben wollen und zum anderen, wenn sie an den Fortbildungsmaßnahmen zur Lizenzverlängerung teilnehmen. Die vorliegende Untersuchung kann aufgrund des standardisierten Fragebogens auch für Trainer anderer Sportarten nützlich sein, sofern der Fragebogen in abgeänderter Form verwendet wird.

Um den Ausgangspunkt dieser Arbeit zu verdeutlichen, soll zunächst die Trainerausbildung im Reitsport, so wie sie in Deutschland praktiziert wird, mit ihren Inhalten vorgestellt werden (s. Kap. 2). Im Anschluss an die theoretische Einführung folgen Methodik und Durchführung der empirischen Untersuchung, sowie ausführliche Erläuterungen zum Fragebogen (s. Kap. 3). Der Darstellung der Ergebnisse (s. Kap. 4) folgt eine ausführlichen Diskussion der gewonnenen Erkenntnisse (s. Kap. 5). Innerhalb der Diskussion werden Handlungsempfehlungen ausgesprochen, die zur Weiterentwicklung der Trainerausbildung genutzt werden können.

2 Die Trainerausbildung in Deutschland

Der Pferdesport gehört in Deutschland zu einer der Sportarten mit den meisten Anhängern. Unter einer Vielzahl von Individualsportarten nimmt Reitsport in der Rangliste aller Spitzenverbände nach Mitgliederzahlen einen Platz unter den Top Ten ein. In der Bestandserhebung des Deutschen Olympischen Sportbundes lag der Reitsport im Jahr 2009 mit 748.839 Mitgliedern auf Rang 8. Insgesamt 7.165 Reitvereine gingen in diese Zählung ein (Deutscher Olympischer Sportbund 2010, S. 11). Nicht berücksichtigt bei diesem Ranking sind die zahlreichen nicht organisierten Reiter, die aktiv ihren Sport ausüben, allerdings in keinem Verein registriert sind. Bei einer solch hohen Zahl an Sporttreibenden ist die Nachfrage nach qualifiziertem Unterricht und Fortbildung eine logische Konsequenz. In Deutschland ist die Trainerausbildung in einem geschlossen-verbandsförmigen Qualifizierungssystem (Lizenzsystem) organisiert (Jütting 2004, S. 88). Anders als in vielen anderen Sportarten, in denen sportart-übergreifenden Übungsleiter eingesetzt werden, sind im Reitsport hauptsächlich sportartspezifisch ausgebildete Trainer aktiv.

Im Reitsport gilt es, zwischen der grundsätzlichen Trainerqualifikation und dem Besitz einer Lizenz zu unterscheiden. Nach bestandener Prüfung stellt die FN dem Trainerabsolventen ein Zeugnis aus, das den Teilnehmer zum Beispiel zur Führung der Bezeichnung „Trainer C – Reiten Basissport" berechtigt. Mit dieser Qualifikation kann dann über die Landesverbände eine Trainer C-Lizenz des DOSB ausgestellt werden. Darüber hinaus besteht die Möglichkeit, bei der FN einen internationalen Trainerpass zu beantragen.

2.1 Trainer C Qualifikationen

Die Trainer C Ausbildung bildet die erste Stufe der durch den DOSB lizenzierten Ausbildung der Ausbilder. Die Tätigkeit als Trainer C umfasst die Anleitung in der pferdesportlichen Betätigung im Rahmen der Grundausbildung sowie die Hinführung zum Leistungs- und Wettkampfsport. Das Ausbildungssystem im Reitsport ermöglicht die Wahl zwischen den Schwerpunkten Basissport oder Leistungssport. Es können allerdings auch beide Schwerpunkte absolviert werden.

Vorbereitungsseminar

Für eine Ausbildung zum Trainer C ist der Besuch eines Vorbereitungsseminars Pflicht. Das Vorbereitungsseminar dauert ein bis drei Tage. Es findet an Fachschulen oder sonstigen Ausbildungsbetrieben statt, die mit der Organisation eines solchen Lehrganges vertraut sind. Bei dem Vorbereitungsseminar sollen die notwendigen Voraussetzungen für eine Teilnahme am Ausbilderlehrgang und der angestrebten Prüfung festgestellt werden. Die Gültigkeit des Vorbereitungsseminars beträgt zwei Jahre. Das Vorbereitungsseminar sollte mindestens ein halbes Jahr vor Lehrgangsbeginn absolviert werden, möglichst in der Ausbildungseinrichtung, in der der Ausbildungslehrgang absolviert wird. Über das Ergebnis des Vorbereitungsseminars wird ein Empfehlungsschreiben erstellt, aus dem Hinweise für die weitere Ausbildung entnommen werden können. Der Lehrgangsleiter des Ausbildungslehrgangs entscheidet über die Aufnahme zum Trainerlehrgang.

Lehrgang

Der Lehrgang zur Prüfungsvorbereitung dauert zirka drei Wochen und soll mindestens 120 LE à 45 Minuten beinhalten. Der Lehrgang kann auch in Form von Wochen-, Wochenabend-, Wochenend- und Tageslehrgängen oder Mischformen absolviert werden. Diese müssen dann eine Gesamtzeit von mindestens 18 Tagen, einschließlich der Prüfung, ergeben. Der Lehrgang muss der Prüfung unmittelbar vorausgehen.

Tabelle 2.1: Voraussetzungen und Anforderungen Tr. C Basissport
Quelle: Eigene Darstellung in Anlehnung an Deutsche Reiterliche Vereinigung 2009b

Trainer C Basissport

Zulassungsvoraussetzungen:

- Mitgliedschaft in einem Pferdesportverein, der einem der FN-angeschlossenen Landes- und/oder Anschlussverbände angehört
- Vollendung des 18. Lebensjahres bzw. des 16. Lebensjahres, sofern der Trainerassistent bestanden wurde und vom Lehrgangsleiter und der Prüfungskommission dieser Maßnahme entsprechende Empfehlungen ausgestellt wurden, sowie Besitz des DRA III
- Polizeiliches Führungszeugnis (nicht älter als sechs Monate)
- Besitz des Deutschen Reitabzeichens Klasse III (DRA III) bzw. vergleichbare Abzeichen der Anschlussverbände
- Besitz des Reitpasses und/oder WRA III
- Besitz des Deutschen Longierabzeichens (DLA IV) (bei Nichtvorlage ist dieses während des Lehrgangs/der Prüfung abzulegen)
- Nachweis eines Erste-Hilfe-Kurses über acht Doppelstunden (der Kurs darf nicht länger als zwei Jahre zurückliegen)
- Nachweis der Teilnahme an einem Vorbereitungsseminar
- Teilnahme an einem Lehrgang zum Trainer C – Reiten Basissport

Prüfungsanforderungen:

Praktischer Teil:

- Vorstellen von Pferden auf Trense im Bereich der lösenden und gymnastizierenden Grundausbildung
- Reiten im leichten Sitz und Vorstellen von Pferden in der springmäßigen Grundausbildung in Form von gymnastizierenden Übungen für Reiter und Pferd
- Reiten im leichten Sitz und Vorstellen von Pferden im Rahmen der geländemäßigen Grundausbildung
- Erteilung von Unterricht in Unterrichtsausschnitten im Bereich der Vermittlung der Sitzgrundlagen in allen Sitzformen von breitensportlichen Aufgabenstellungen sowie von Grundübungen beim Reiten über Hindernisse und im Gelände

Theoretischer Teil:

- Unterrichtserteilung einschließlich der Kenntnisse der Sportpädagogik und Psychologie
- Reitlehre, Vermittlung der Kenntnisse gemäß Richtlinien für Reiten und Fahren
- Organisation, Sport und Umwelt, Sicherheit
- Pferdehaltung und Veterinärkunde

Voraussetzung zum Bestehen:

Bestanden ist die Prüfung, wenn der Teilnehmer nicht die Note „ungenügend“ in einem Prüfungsfach oder in zwei Prüfungsfächern die Note „mangelhaft“ erhalten hat. Bei Nichtbestehen kann die Prüfung wiederholt werden. Die Prüfungskommission entscheidet darüber, ob Teilprüfungen angerechnet werden. Nach Ablauf von zwei Jahren muss die gesamte Prüfung wiederholt werden.

Tabelle 2.2: Voraussetzungen und Anforderungen Tr. C Leistungssport
Quelle: Eigene Darstellung in Anlehnung an Deutsche Reiterliche Vereinigung 2009b

Trainer C Leistungssport
Zulassungsvoraussetzungen: • Mitgliedschaft in einem Pferdesportverein, der einem der FN-angeschlossenen Landes- und/oder Anschlussverbände angehört • Vollendung des 18. Lebensjahres bzw. des 16. Lebensjahres, sofern der Trainerassistenten erfolgreich bestanden ist und vom Lehrgangsleiter und der Prüfungskommission dieser Maßnahme entsprechende Empfehlungen ausgestellt wurden, sowie Besitz des DRA II • Polizeiliches Führungszeugnis (nicht älter als sechs Monate) • Besitz des DRA III (Dressur und Springen) • Platzierungen (registrierte Einzelerfolge) in Prüfungen der Klasse A in einer oder mehreren Disziplinen • Besitz des Deutschen Longierabzeichens DLA IV (bei Nichtvorlage ist dieses während des Lehrganges/der Prüfung abzulegen) • Nachweis eines Erste-Hilfe-Kurses über acht Doppelstunden (der Kurs darf nicht länger als zwei Jahre zurückliegen) • Nachweis der Teilnahme an einem Vorbereitungsseminar • Teilnahme an einem Lehrgang zum Trainer C – Reiten Leistungssport
Prüfungsanforderungen: Praktischer Teil: • Dressurreiten im Rahmen der Anforderung der Klasse A/L • Springreiten im Rahmen der Anforderung der Klasse A/L, Reiten im leichten Sitz • Geländereiten im Rahmen der Anforderung eines Geländeritts, Reiten im leichten Sitz • Erteilen von Unterricht in Unterrichtsausschnitten entsprechend der Rahmenanforderung der Klasse A/L im Dressurreiten/Springreiten und Reiten im Gelände Theoretischer Teil: • Unterrichtserteilung einschließlich der Kenntnisse der Sportpädagogik und Psychologie • Reitlehre, Vermittlung der Kenntnisse gemäß Richtlinien für Reiten und Fahren • Organisation, Sport und Umwelt, Sicherheit • Pferdehaltung und Veterinärkunde
Voraussetzung zum Bestehen: Siehe Trainer C Basissport

2.2 Trainer B Qualifikationen

Tabelle 2.3: Voraussetzungen und Anforderungen Tr. B Basissport
Quelle: Eigene Darstellung in Anlehnung an Deutsche Reiterliche Vereinigung 2009b

Trainer B Basissport
Zulassungsvoraussetzungen: • Mitgliedschaft in einem Pferdesportverein, der einem der FN-angeschlossenen Landes- und/oder Anschlussverbände angehört • Vollendung des 18. Lebensjahres • Polizeiliches Führungszeugnis (nicht älter als sechs Monate) • Trainer C – Reiten bzw. Trainer C – Reiten der Anschlussverbände • Besitz des DRA III (je nach Schwerpunktwahl sind auch die Spezialabzeichen des DRA III zulässig) und des Reitpasses • Nachweis einer mindestens einjährigen Ausbildertätigkeit nach der Trainer C-Prüfung • Teilnahme an einem Lehrgang zum Trainer B-Reiten Basissport
Prüfungsanforderungen: Beim Trainer B Basissport liegt der Schwerpunkt in der Unterrichtserteilung, wobei verschiedene Spezialrichtungen ausgewählt werden können. Unter anderem: Breitensport, Anfängerausbildung, Kinder- und Jugendausbildung, Jagdreiten, Wanderreiten. Die Inhalte des Lehrgangs richten sich nach dem speziellen Lehrgangsziel, aber unter den folgenden Rahmenanforderungen: • Praktisches Reiten • Vorbereitung von Unterrichtsentwürfen (Lehrprobe) gem. dem Lehrgangsziel • Durchführung einer Lehrprobe oder von Ausschnitten eines Unterrichtsentwurfes • Stellungnahme zu Lehrproben in Anlehnung an Hospitationsmodelle • Vermittlung theoretischer Inhalte • Hausarbeit/Klausur
Voraussetzung zum Bestehen: Das Prüfungsergebnis setzt sich aus den sechs Prüfungsfächern zusammen. Bestanden ist die Prüfung, wenn der Teilnehmer nicht die Note „ungenügend“ in einem Prüfungsfach oder in zwei Prüfungsfächern die Note „mangelhaft“ erhalten hat. Nichtbestehen kann die Prüfung wiederholt werden. Die Prüfungskommission entscheidet darüber, ob Teilprüfungen angerechnet werden. Nach Ablauf von zwei Jahren muss die gesamte Prüfung wiederholt werden.

Tabelle 2.4: Voraussetzungen und Anforderungen Tr. B Leistungssport
Quelle: Eigene Darstellung in Anlehnung an Deutsche Reiterliche Vereinigung 2009b

Trainer B Leistungssport
Zulassungsvoraussetzungen: • Mitgliedschaft in einem Pferdesportverein, der einem der FN-angeschlossenen Landes- und/oder Anschlussverbände angehört • Vollendung des 18. Lebensjahres • Polizeiliches Führungszeugnis (nicht älter als sechs Monate) • bestandene Prüfung zum Trainer C – Reiten Basissport bzw. Trainer C – Reiten Leistungssport • Besitz der DRA III (je nach Schwerpunktwahl sind auch die Spezialabzeichen des DRA III zulässig) • Nachweis einer mindestens einjährigen Ausbildertätigkeit nach der Trainer C-Prüfung • Platzierungen (registrierte Einzelerfolge) in Prüfungen der Klasse A in einer oder mehreren Disziplinen • Teilnahme an einem Lehrgang zum Trainer B-Reiten Leistungssport
Prüfungsanforderungen: Beim Trainer B Leistungssport liegt ebenfalls der Schwerpunkt in der Unterrichtserteilung, wobei verschiedene Spezialrichtungen ausgewählt werden können. Unter anderem: Dressur, Springen, Vielseitigkeit, Jungpferdeausbildung. Die Inhalte des Lehrgangs richten sich dann nach dem speziellen Lehrgangsziel, aber unter den folgenden Rahmenanforderungen: • Praktisches Reiten im Rahmen der Klasse A/L • Vorbereitung von Unterrichtsentwürfen (Lehrprobe) gem. dem Lehrgangsziel • Durchführung einer Lehrprobe oder von Ausschnitten eines Unterrichtsentwurfes • Stellungnahme zu Lehrproben in Anlehnung an Hospitationsmodelle • Vermittlung theoretischer Inhalte • Hausarbeit/Klausur • Lehrgang (Schwerpunkt Basissport oder Leistungssport)
Voraussetzung zum Bestehen: Siehe Trainer B Basissport

Die Prüfungsvorbereitung für die Trainer B Qualifikationen dauert mindestens acht Tage und soll mindestens 60 LE à 45 Minuten beinhalten. Die Voraussetzungen für externe Lehrgänge sind wie bei der Trainer C Ausbildung geregelt. Der Lehrgang muss eine Gesamtzeit von mindestens acht Tagen ergeben.

2.3 Trainer A Qualifikationen

Tabelle 2.5: Voraussetzungen und Anforderungen Tr. A Basissport
Quelle: Eigene Darstellung in Anlehnung an Deutsche Reiterliche Vereinigung 2009b

Trainer A Basissport

Zulassungsvoraussetzungen:

- Mitgliedschaft in einem Pferdesportverein, der einem der FN-angeschlossenen Landes- und/oder Anschlussverbände angehört
- Vollendung des 22. Lebensjahres
- Polizeiliches Führungszeugnis (nicht älter als sechs Monate)
- bestandene Prüfung zum Trainer B Reiten Basissport oder zum Trainer B Reiten Leistungssport
- Nachweis einer mindestens dreijährigen Ausbildertätigkeit als Trainer C und einer mindestens einjährigen Ausbildertätigkeit als Trainer B
- Besitz des DRA II Dressur und Springen
- Besitz des Berittführers
- Teilnahme an einem Lehrgang zum Trainer A-Reiten Basissport Lehrgang

Prüfungsanforderungen:

Beim Trainer A Basissport liegt der Schwerpunkt des eigenen Reitens in der Gymnastizierung und Arbeiten von Pferden im Dressur-, Spring- und Geländereiten. Die reiterlichen Anforderungen in einem breitensportlichen Schwerpunkt sind frei zu wählen.
Praktischer Teil:

- Dressur: Vorstellen von Pferden auf Trense mit Pferdewechsel
- Springen/Geländereiten: Vorstellen von Pferden über Hindernisse wahlweise über Parcourshindernisse oder Naturhindernisse
- Reiterliche Darstellung des selbstgewählten, breitensportlichen Schwerpunktes
- Erarbeitung von Trainingsplänen, Lehrgangs- und Ausbildungsplänen sowie Unterrichtskonzepten
- Erstellung einer schriftlichen Lehrprobe und Durchführung von zwei Lehrproben
- Hospitation
- theoretische bzw. praktische Prüfung in der Sportpädagogik

Theoretischer Teil:

- Unterrichtserteilung
- Reitlehre entsprechend des gewählten Schwerpunktes
- Veterinär- und Pferdekunde, einschließlich Exterieurbeurteilung

Voraussetzung zum Bestehen:

Das Prüfungsergebnis setzt sich aus den sechs Prüfungsfächern zusammen. Bestanden ist die Prüfung, wenn der Teilnehmer nicht die Note „ungenügend" in einem Prüfungsfach oder in zwei Prüfungsfächern die Note „mangelhaft" erhalten hat. Bei Nichtbestehen kann die Prüfung wiederholt werden. Die Prüfungskommission entscheidet darüber, ob Teilprüfungen angerechnet werden. Nach Ablauf von zwei Jahren muss die gesamte Prüfung wiederholt werden.

Tabelle 2.6: Voraussetzungen und Anforderungen Tr. A Leistungssport
Quelle: Eigene Darstellung in Anlehnung an Deutsche Reiterliche Vereinigung 2009b

<table>
<tr><th>Trainer A Leistungssport</th></tr>
<tr><td>Zulassungsvoraussetzungen:
<ul>
<li>Mitgliedschaft in einem Pferdesportverein, der einem der FN-angeschlossenen Landes- und/oder Anschlussverbände angehört</li>
<li>Vollendung des 22. Lebensjahres</li>
<li>Polizeiliches Führungszeugnis (nicht älter als sechs Monate)</li>
<li>bestandene Prüfung zum Trainer B Reiten Basissport oder zum Trainer B Reiten Leistungssport</li>
<li>Nachweis einer mindestens dreijährigen Ausbildertätigkeit als Trainer C und einer mindestens einjährigen Ausbildertätigkeit als Trainer B</li>
<li>Besitz des DRA II Dressur und Springen</li>
<li>Teilnahme an einem Lehrgang zum Trainer A-Reiten Leistungssport</li>
</ul></td></tr>
<tr><td>Prüfungsanforderungen:
Praktischer Teil:
<ul>
<li>Dressurreiten im Rahmen der Klasse L, auf Trense und Kandare</li>
<li>Springreiten im Rahmen der Klasse L</li>
<li>Geländereiten im Rahmen der geländemäßigen Ausbildung entsprechend den Anforderungen eines Geländerittes</li>
<li>Vorstellen von zwei Unterrichtsausschnitten im Rahmen von Lehrproben mit schriftlichem Entwurf</li>
<li>Erarbeitung von Trainingsplänen, Lehrgangs- und Ausbildungsplänen sowie Unterrichtskonzepte</li>
<li>Erstellung einer schriftlichen Lehrprobe und Durchführung von zwei Lehrproben</li>
<li>Hospitation</li>
<li>theoretische bzw. praktische Prüfung in der Sportpädagogik (u. a. Coaching, Management)</li>
</ul>
Theoretischer Teil:
<ul>
<li>Unterrichtserteilung</li>
<li>Reitlehre entsprechend des gewählten Schwerpunktes</li>
<li>Veterinär- und Pferdekunde, einschließlich Exterieurbeurteilung</li>
</ul></td></tr>
<tr><td>Voraussetzung zum Bestehen:

Siehe Trainer A Basissport</td></tr>
</table>

Bei der Trainer A Ausbildung und der Prüfung besteht die Möglichkeit, nach jeweiligem reiterlichen Schwerpunkt auszuwählen, ob das praktische Reiten in einer Schwerpunktdisziplin auf dem Niveau der Klasse M absolviert wird (in den weiteren reiterlichen Disziplinen wird das Reiten dann mindestens auf dem Niveau der Klasse A beurteilt) oder in allen Disziplinen im Bereich der Klasse L erfolgt. Zu diesen spezialisierten Wahlmöglichkeiten wird in Kapitel 5.1.6 kritisch Stellung genommen.

Der Lehrgang zur Prüfungsvorbereitung umfasst zirka drei Wochen und beinhaltet mindestens 120 LE à 45 Minuten. Die Voraussetzungen für externe Lehrgänge sind wie bei der Trainer C Ausbildung geregelt. Der Lehrgang muss eine Gesamtzeit von mindestens 18 Tagen ergeben. Der Lehrgangsleiter sollte im Regelfall Ausbildungsleiter einer Fachschule sein.

3 Empirische Untersuchung

Grundsätzlich lassen sich folgende Grundtechniken der Datenerhebung unterscheiden: Inhaltsanalyse, Beobachtung und Befragung. (Schnell et al. 1992, Diekmann 1998). Bei Befragungen unterscheidet man nach der Art der Kommunikation zwischen persönlichem Interview, telefonischem Interview und schriftlicher Befragung (Diekmann 1998, S. 373). Da im Zuge der Untersuchung mehrere hundert Trainer befragt werden sollen, kommen persönliche und telefonische Interviews, aufgrund des immensen Zeitaufwandes, nicht in Betracht. Mit der schriftlichen Befragung erreicht eine Untersuchung in kürzerer Zeit eine größere Anzahl von Befragten. Sie kann als herkömmliche postalische Befragung oder mit Hilfe des Internets als Online-Befragung durchgeführt werden. Als Alternative zur postalischen Befragung werden in den letzten Jahren zunehmend computervermittelte Befragungen durchgeführt, um räumlich verstreute Personen zu erreichen (Bortz & Döring 2006, S. 260). Bei einer postalischen Befragung müssen die befragten Personen den Fragebogen ohne Mithilfe eines Interviewers ausfüllen. Dies setzt voraus, dass der Fragebogen transparent und verständlich gestaltet ist (Bortz & Döring 2002, S. 256). Gleiches gilt auch für eine Online-Befragung, bei der ebenfalls kein Interviewer zur Seite steht.

„Onlinebefragungen lassen sich danach unterscheiden, welcher Netzdienst zur Verteilung des Fragebogens eingesetzt wird (z. B. WWW, E-Mail, Chat) und welche Form der Stichprobe erfolgt (z. B. Zufallsstichprobe, Klumpenstichprobe, Ad-hoc-Stichprobe, (...))" (Bortz & Döring 2006, S. 260). Über die Rückläufe bei den unterschiedlichen Befragungsformen der empirischen Sozialforschung werden in der Literatur nur wenige konkreten Zahlen genannt. Homburg führt folgende Rückläufe zu den verschiedenen Befragungsformen auf.

Tabelle 3.1: Übersicht über Vor- & Nachteile verschiedener Befragungen.
Quelle: eigene Darstellung in Anlehnung an Homburg 2006

	Persönliche Befragung	**Telefonische Befragung**	**Schriftliche Befragung**	**Internet-/ Online-Befragung**
Teilnahmequote	Hoch (ca. 40-80%)	Hoch (ca. 30–70%)	Tendenziell niedrig, aber beeinflussbar (ca. 10-40%)	Eher niedrig (ca. 10 – 30%)

Bei der vorliegenden Untersuchung handelt es sich um eine Kombination aus verschiedenen Typen. Das Anschreiben an die Trainer erfolgte postalisch, das Ausfüllen und Abschicken des Fragebogens dagegen online. Die Entscheidung für eine Onlinebefragung fiel sowohl auf Kostengründen als auch aufgrund von Zeitaspekten. Die Kosten für frankierter Rückumschläge und höheres Porto, aufgrund des höheren Gewichtes der Umschläge, waren bei über 4000 angeschriebenen Trainern nicht tragbar. Ebenso wie der Arbeitsaufwand des Eingebens von mehreren hundert Fragebögen per Hand in einen PC nicht zu realisieren gewesen wären.

3.1 Fragestellungen

Die Betrachtung der bestehenden Literatur liefert wichtige Hintergrundinformationen über den Berufszweig des Trainers im Reitsport. Um die Situation der Trainer in Deutschland genauer zu erfassen, wurden weitere Daten mit einer Befragung erhoben. Ziel dieser Erhebung war es, ein genaueres Bild über die bestehende Gruppe der Trainer in Deutschland zu erlangen, das deren Alltagssituation, Arbeitsfeld und Selbstverständnis als Reitlehrer widerspiegelt.

3.2 Methodik und Durchführung der Untersuchung

Die Informationen über die Trainer wurden mit Hilfe eines standardisierten Fragebogens erhoben, welcher für die Probanden in der Zeit vom 27. Januar 2009 bis zum 10. April 2009 online zur Bearbeitung bereit stand. Die Untersuchung der Trainersituation war durch die Zusammenarbeit mit der Abteilung Ausbildung der FN möglich. Die FN verfügt nicht nur über die erforderlichen Zugangsdaten, wie Namen und Anschriften der einzelnen Trainer, sondern kann durch ihre Position als Dachverband die Teilnahme der Trainer an der Untersuchung positiv beeinflussen. Durch die Kooperation der Deutschen Sporthochschule Köln und der FN ließen die Befragten sich, trotz des beachtlichen zeitlichen Aufwands, der für die Befragung notwendig war, zur Teilnahme motovieren. Die Abteilung Ausbildung unterstützte die Befragung sowohl durch ihren Namen, das Bereitstellen der Adressen, Know-How während der Fragebogenkonstruktion als auch durch die Übernahme der Kosten für Druck und Versand der insgesamt 4106 postalischen Anschreiben.

3.2.1 Untersuchungsdurchführung

Bevor die 4106 Anschreiben versendet und die Befragung im Internet freigeschaltet wurde, durchlief der Fragebogen mehrere Kontrollen seitens der Deutschen Sporthochschule Köln, der Führungsakademie des Deutschen Olympischen Sportbundes sowie der Abteilung Ausbildung der FN. Neben mehreren Korrekturen und Ausarbeitungen wurde ein Pretest durchgeführt. „Ein (auch nur in Teilen) neu konstruierter Fragebogen sollte vor der eigentlichen Untersuchung einem Pretest unterzogen werden. Dabei geht es v.a. um die Prüfung der Verständlichkeit und Vollständigkeit der Fragen, die Eindeutigkeit und Vollständigkeit der Antwortvorgaben sowie um die Ermittlung der Befragungsdauer." (Mayer 2006, S. 174) Bei diesem Testdurchlauf wurde der Fragebogen-Entwurf fünf Trainern zum Ausfüllen, Lesen und Kommentieren vorgelegt. Die fünf Personen haben den Fragebogen auf seine Schlüssigkeit gegengelesen. Außerdem sollten die Testpersonen jede Frage auf Verständlichkeit und Stimmigkeit überprüfen. Weiterhin sollten sie berichten, wie groß ihre Motivation war, die einzelnen Frageblöcke zu beantworten. Auch das

Stoppen der Zeit während des Ausfüllens gehörte zu ihren Aufgaben. Aufgrund der Angaben und Vorschläge dieser fünf Testpersonen wurde der Fragebogen erneut überarbeitet.

Der Erhebungszeitraum erstreckte sich vom 27. Januar 2009 bis zum 10. April 2009. Befragt wurden Trainer C Basis- sowie Leistungssport, Trainer B Basis- sowie Leistungssport und Trainer A Leistungssport, sowie Trainer C Schulsport aus dem gesamten Bundesgebiet. Am 27. Januar 2009 wurden insgesamt 4106 Anschreiben postalisch versendet. Die Adressen der Trainer wurden von der FN für diese Erhebung zur Verfügung gestellt. Zeitgleich mit dem Versenden der Anschreiben wurde der Fragebogen im Internet freigeschaltet. Über die beiden im Anschreiben bekanntgegebenen Domains www.trainerbefragung.de und www.trainer-befragung.de gelangten die Probanden zu Startseite des Fragebogens. Diese beiden Domains waren zuvor für die Erhebung gesichert worden. Auf der Startseite des Internetauftritts fanden sich noch einmal die Inhalte des schriftlichen Anschreibens wieder. Dort konnten die Probanden über mit dem Button „Fragebogen starten" sofort mit dem Ausfüllen des Fragebogens beginnen. Um die Antwortbereitschaft zu erhöhen und ehrliche Antworten zu erhalten, erfolgte die Befragung anonym. Die Zusicherung von Anonymität spielt für die Rücklaufquote eine wichtige Rolle (Bortz & Döring 2006, S. 257). Am 10. April 2009 wurde der Fragebogen auf der Internetseite gesperrt und die Trainerbefragung eingestellt.

Ein zentrales Problem bei postalischen sowie Online-Befragungen ist der Rücklauf. In der Literatur finden sich zahlreiche Hinweise, wie die Rücklaufquote positiv beeinflusst werden kann (Borzt & Döring 2006; Schnell et al. 1992), einige davon ließen sich im Rahmen der vorliegenden Untersuchung umsetzen. Als zusätzlicher Anreiz für die angeschriebenen Trainer wurde sowohl im Anschreiben als auch auf der Internetseite auf eine Verlosung hingewiesen. Diejenigen, die den Fragebogen abgeschickt hatten, bekamen die Möglichkeit an dieser Verlosung teilzunehmen. Die Gewinne stellten 20 CD-ROMs aus dem FN-Verlag dar. „Ausbildung rund ums Pferd" ist ein multimediales Lehr- und Lernprogramm zur Vorbereitung auf die Reitabzeichenprüfung. Der FN-Verlag stellte 20 dieser CD-ROMs zur Verfügung. Der in Aussicht gestellte Gewinn passte thematisch zu der Zielgruppe.

3.2.2 Der Fragebogen

In ausgedruckter Form umfasste der Fragebogen zur Trainertätigkeit insgesamt 13 DIN A4 Seiten (s. Anhang). Im Internet war der Fragebogen an einem Stück zu bearbeiten, so dass die Befragten sich durch Auf- und Ab-Scrollen im Fragebogen bewegen konnten. Die Zeit, die benötigt wurde, um einen Fragebogen auszufüllen, differenzierte zwischen etwa zehn Minuten und rund 35 Minuten. Je nachdem, ob der Befragte zum Befragungszeitpunkt als Trainer aktiv war oder nicht. Für diejenigen Reitlehrer, die die Trainerausbildung absolviert haben, allerdings nicht oder nicht mehr aktiv unterrichten, war der Fragebogen deutlich kürzer.

Bezogen auf die Gestaltung der Fragen, lassen sich grundsätzlich zwei Fragetypen unterscheiden: geschlossene und offene Fragen. Offene Fragen verlangen vom Befragten, sich an etwas zu erinnern, geschlossene Fragen dagegen, etwas wiederzuerkennen (Atteslander 1991, S. 183). Da die Leistung des „sich Erinnerns" schwieriger ist als das Wiedererkennen, enthält man auf offene Fragen in der Regel weniger Antworten als auf geschlossene Fragen (Atteslander 1991, S. 183). Der überwiegende Teil der Antwortmöglichkeiten wurde in geschlossenen Fragen vorgegeben. Aus Sicht der Fragebogenauswertung sind geschlossene Fragen den offenen vorzuziehen. Bei den offenen Fragen müssen die verschiedenen Antworten erst in Kategorien eingeteilt werden, ehe eine Auswertung möglich ist. Dazu müssen oft viele Fragebögen durchgesehen werden, um zu erkennen, wie die Kategorien gebildet werden können. Der Aufwand bei der Codierung dieses Fragentyps ist somit wesentlich höher als der von geschlossenen Fragen. Trotz der genannten Nachteile wurden einige offene Fragen in den Fragebogen integriert, um Bereiche anzusprechen, die mit geschlossenen Fragen nicht oder nur schwer zugänglich sind. Offene Fragen wurden nur an solchen Stellen verwendet, an denen die befragten Trainer ihr Handeln begründen, erklären oder eine Ergänzung anfügen sollten. Neben offenen und geschlossenen Fragen gibt es halboffene Fragen. Bei den halboffenen Fragen wurde die geschlossen formulierte Frage um die Kategorie „Sonstiges" ergänzt.

Probleme, die bei Befragungen häufig auftreten, sind das Abbrechen des Fragebogens oder das Auslassen einzelner oder mehrerer Fragen. Dieses

Verhalten gestaltet sich vor allem bei der Auswertung der Fragen als problematisch, da grundsätzlich nur vollständig und korrekt ausgefüllte Fragebögen in die Bewertung einfließen. Um dieses Problem zu umgehen, wurde der Online-Fragebogen so programmiert, dass es keine Abbrecher geben konnte. Die Befragten konnten erst dann erfolgreich den „Fragebogen abschicken“-Button betätigen, wenn alle Fragen korrekt ausgefüllt wurden. Auch auf Auslassungen einzelner Fragen wurden die Befragten hingewiesen und zur Korrektur aufgefordert. Die fehlerhaft ausgelassenen Fragen wurden nach dem Betätigen des „Fragebogen verschicken“- Buttons aufgelistet. Außerdem wurden diese Fragen rot markiert, um den Befragten das Wiederfinden zu erleichtern. Auch in Fällen, in denen die Befragten nach einer bestimmten Antwort die nächste Frage überspringen sollten, kontrollierte die Programmierung automatisch, ob alle Felder korrekt ausgefüllt oder aber korrekt ausgelassen wurden.

3.2.3 Aufbau des Fragebogens

Der Gesamtfragebogen (s. Anhang) umfasst 210 Fragen. Diese 210 Fragen sind in 54 Frage-Blöcke gegliedert. Um das Beantworten der Fragen zu vereinfachen, wurde versucht, so weit wie möglich eine einheitliche Fragestruktur beizubehalten. Der Fragebogen ist grundlegend in zwei Abschnitte gegliedert. Den ersten Abschnitt (Fr. 1 - 41) mussten alle Befragten beantworten. Den zweiten Abschnitt (Fr. 41 - 210) mussten nur die Trainer beatworten, die zum Befragungszeitpunkt als Trainer aktiv tätig waren.

Für die vorliegende Arbeit wurde nur ein Teil der im Gesamtfragebogen enthaltenen Fragen ausgewertet und diskutiert. Aufgrund des vorgegebenen Umfanges einer Diplomarbeit, war eine Berücksichtigung aller erhobenen Daten in Ergebnis- und Diskussionsteil nicht realisierbar. An der Deutschen Sporthochschule existiert kein strenges Reglement bezüglich des Umfanges von Diplomarbeiten. In der Diplomprüfungsordnung wird allerdings empfohlen, hundert Seiten nicht zu überschreiten (Roth & Türk 2003, S. 8). Aus dem Gesamtfragebogen, wurden daher die Fragen 104 bis 193 nicht berücksichtigt. Diese waren zur Beantwortung der vier Hauptaspekte nicht zwangsläufig notwendig. Die Fragen 1 bis 103 sowie 194 bis 210 wurden für die Bearbeitung in vier thematische Abschnitte untergliedert (s. Tab. 3.2).

Tabelle 3.2: Übersicht der Fragebogendarstellung des Ergebnisteils mit Kurzfassung der Unterpunkte
Quelle: Eigene Darstellung

1. Persönliche und sportfachliche Daten	**2. Arbeitsbereiche und Arbeitssituation**
• Tätigkeitsstatus • Geburtsjahr • Geschlecht • Landesverbandszugehörigkeit • Höchste Trainerqualifikation • Versicherungsstatus • Schulabschluss • Berufliche Tätigkeit • Turniererfolge • Leistungsklassen	• Altersverteilung der Schüler • Präferenzen bezüglich Leistung, Geschlecht und Pferde • Arbeitsbereich-Analyse • Pferde der Reitschüler • Unterrichtslokalität • Gruppengrößen • Einnahmen pro Reitstunde • Einkommen durch Trainertätigkeit • Reitschüler pro Woche/Jahr • Organisationsform • DOSB Lizenzen • Unterrichtszeiten
3. Selbstverständnis, Motivation und Eigenwahrnehmung	**4. Bewertung der Inhalte der Trainerausbildung**
• Gründe für die Trainerausbildung • Gründe für die Trainertätigkeit • Eigenwahrnehmung • Vermutete Fremdwahrnehmung	• Analyse der Wichtigkeit der Inhalte der Trainerausbildung • Analyse der Zufriedenheit mit den Inhalten der Trainerausbildung

Teil 1: Persönliche und sportfachliche Daten

Der erste Teil (Fr. 1 - 15) fragt persönliche sowie sportfachliche Daten ab. Es handelt sich in diesem Abschnitt um Fragen, die sowohl von aktiven, ebenso wie von nicht aktiven Trainern beantwortet werden konnten. Dabei fungierte gleich die erste Frage als Filterfrage. Diejenigen, die derzeit nicht als Trainer aktiv waren, mussten den Gesamtfragebogen nur bis zu Frage 41 ausfüllen und konnten ihn dann bereits abschicken. Im Bereich der persönlichen Daten wurden Informationen wie Alter, Geschlecht, Schulabschluss und Beruf abgefragt (Fragen: 2,3,7,8,9). Unter sportfachliche Daten werden Informationen wie Zugehörigkeit zu einem Landesverband, Leistungsklassen in den Disziplinen Dressur, Springen und Vielseitigkeit sowie die jeweils höchsten Platzierungen in diesen Disziplinen, zusammengefasst (Fragen: 1,4,5,6,10,11,12,13,14,15).

Teil 2: Arbeitsbereiche und Arbeitssituation

Der zweite Teil beschäftigt sich mit den Arbeitsbedingungen und –Bereichen der zum Befragungszeitpunkt aktiven Trainer. Die Fragen 42 bis 103 sowie 210 klären die Punkte Arbeitsbereich, Arbeitsumfang, Arbeitszeit, Organisationsform des Trainerdaseins im Allgemeinen sowie des Unterrichts im Speziellen, Anzahl und Geschlecht der Reitschüler, Schulpferde, Verdienst pro Unterrichtseinheit sowie Präferenzen zu einigen dieser Punkte ab.

Frage 210 betraf die monatlichen Einnahmen der Befragten durch ihre Trainertätigkeit. Solche Angaben zu privaten und sozialen Daten sind zwar für die Probanden leicht zu geben, werden aber teilweise ungern beantwortet (Kirchhoff et al. 2003, S. 23) oder als neugierig empfunden. Daher stand diese Frage zum Abschluss des Gesamtfragebogens, um Abbrecher aufgrund von Ablehnung gegenüber dem Fragebogen möglichst gering zu halten.

Teil 3: Selbstverständnis, Motivation, Eigenwahrnehmung

Der dritte Teil setzt sich aus den Fragen 40 und 41 sowie 194 bis 209 zusammen. Dabei waren die Fragen 40 und 41 offen formuliert. In Frage 40 sollten die Befragten sich dazu äußern, warum sie die Trainerausbildung gemacht haben. Und in Frage 41 wurde nach den Gründen der derzeitigen Aktivität bzw. Nicht-Aktivität als Trainer gefragt. Bei beiden Fragen wurden die Befragten aufgefordert, die Antwort in einem Satz zusammenzufassen. Bei den Fragen 194 bis 209 handelt es sich um Begriffe, welche die Trainer mit Hilfe von Likert-Skalen bewerten sollen. Die formulierten Begriffe beziehen sich auf das Selbstverständnis, die Eigenwahrnehmung sowie die vermutete Fremdwahrnehmung der befragten Reitlehrer.

Die Likert-Skala hilft die Einstellung von befragten Personen zu einem Thema zu erfassen. Sie ist nach dem amerikanischen Psychologen Rensis Likert benannt. Für einen Likert-Test werden mehrere in ihrer Wertung abgestufte Aussagen formuliert, denen der Befragte mittels einer Skala zustimmt oder sie ablehnt. Likert-Skalen bestehen üblicherweise aus 5, 7 oder 11 Merkmalsausprägungen. Die mittlere Antwort steht stellvertretend für die Antwort „unentschieden". Die einzelnen Fragen, aus denen der Aussagenblock zu einem Thema zusammengesetzt wurde, werden als Items bezeichnet. Ein Nachteil von Likert-Skalen ist, dass Befragte dazu verleitet werden können die neutrale Mitte Ausweichmöglichkeit nutzen (Schnell et al. 2008, S. 187f).

Teil 4: Bewertung der Inhalte der Trainerausbildung

Diesen Teil des Fragebogens haben sowohl die zum Zeitpunkt der Befragung aktiven wie auch die inaktiven beantwortet. Bei den Fragen 16 bis 27 sowie 28 bis 39, sollten alle Befragten die Inhalte ihrer Trainerausbildung bewerten. Aufgabe war es, sowohl die grundsätzliche Wichtigkeit von Themenschwerpunkten als auch für die persönliche Zufriedenheit mit diesen Themenschwerpunkten auszudrücken. Hierbei wurden die einzelnen Inhalte und Themenschwerpunkte der Trainerausbildung von den befragten Trainern einzeln bewertet. Diese beiden Frageblöcke werden in der Auswertung für eine Zufriedenheits-Wertigkeitsanalyse herangezogen.

3.2.4 Beschreibung der Stichprobe

Die Stichprobe soll ein verkleinertes Abbild der Grundgesamtheit darstellen. „Das Problem besteht nun darin, die Stichprobe so auszuwählen , dass sie möglichst repräsentativ für die zugrunde liegende Grundgesamtheit ist, d. h. unter anderem, dass sich die gemessenen Werte der Variablen hinsichtlich ihrer statistischen Maßzahlen (Mittelwerte, Streuungen etc.) in Sample und Ausgangsmenge nicht zu sehr unterscheiden, so dass von der Stichprobe auf die Grundgesamtheit geschlossen werden kann" (Atteslander & Cromm 2008, S. 257). In der Regel wird eine Stichprobe als repräsentativ bezeichnet, wenn sie ein „adäquates Abbild" der Grundgesamtheit liefert (Heyde 1999, S. 27). Oder anders ausgedrückt: „Eine Teilmasse heißt repräsentativ, wenn sie in der Verteilung aller interessierenden statistischen Merkmale der Gesamtmasse entspricht, d.h. ein verkleinertes oder sonst wirklichkeitsgetreues Abbild der Gesamtheit darstellt" (Statistisches Bundesamt 1960, S. 13). Des Weiteren geht man davon aus, dass eine Stichprobe die Grundgesamtheit dann gut abbildet, wenn sie zufällig gezogen wurde und keine systematischen Ausfallprozesse vorliegen (Hauptmanns 1999, S. 26). Unabdingbar für die Erstellung eines adäquaten Abbildes ist es, die Grundgesamtheit zu definieren und anschließend daraus eine zufällige Stichprobe zu ziehen (Hauptmanns 1999, S. 26).

Im Fall der vorliegenden Untersuchung stellten die 4106 Trainer, die das Anschreiben zur Befragung erhielten, die Grundgesamtheit dar. Es handelte sich bei dieser Gruppe um diejenigen Trainer, die seit dem Jahr 1999 ihre letzte Prüfung zum Trainer C, B, A oder Schulsport erfolgreich abgelegt hatten. Dieser Stichtag wurde gewählt, da nach diesem Zeitpunkt die Ausbildungsinhalte der Trainerlehrgänge offiziell laut Ausbildungs- und Prüfungs-Ordnung (APO) abgeändert wurden. Die APO ist das Regelwerk für die einheitliche Ausbildung und Prüfung im Pferdesport in Deutschland. Bei der FN sind die Personen, die Trainerprüfungen abgelegt haben, registriert. Aus der Grundgesamtheit von 4106, schicken 935 Trainer den Fragebogen im Internet ab. Die untersuchte Stichprobe ist repräsentativ für die Grundgesamtheit. Die Rücklaufquote entsprach 22,77 Prozent.

3.3 Beschreibung der Auswertung

Die Auswertung der Daten erfolgte mit dem Programmsystem SPSS[3] Version 18.0 für Windows. Von dem Fragebogen wurde ein Codeplan erstellt. Der Codeplan ordnet einerseits den einzelnen Fragen Variablennamen zu, andererseits werden den möglichen verschiedenen Merkmalsausprägungen einer Variable Codenummer zugeordnet (Bühl & Zöpfel, 2005, S. 30). Nach der Dateneingabe sind deskriptive und interferenzstatistische Auswertungen möglich. Zur Aufarbeitung der Tabellen und Graphiken wurden zusätzlich die Programme Microsoft Excel 2007 und Word 2007 verwendet.

---

3 SPSS: Statistical Package for the Social Sciences (Bühl & Zöpfel 2005, S. 15)

4 Ergebnisteil

Im Vordergrund der Befragung steht, gemäß der Zielsetzungen der vorliegenden Arbeit, die Ermittlung von Informationen über die Gruppe der Reitlehrer in Deutschland. Aus diesem Grund werden an dieser Stelle nur die für das Thema relevanten Ergebnisse dargestellt und im direkten Anschluss erläutert. Zur besseren Übersicht werden vier Kategorien gebildet.

1. Persönliche und sportfachliche Daten
2. Arbeitsbereiche und Arbeitssituation
3. Selbstverständnis, Motivation und Eigenwahrnehmung
4. Bewertung der Inhalte der Trainerausbildung

Die Ergebnisse werden in Tabellen und Graphiken veranschaulicht, die sich nach den unter 3.1 formulierten empirischen Fragestellungen richten. Nach Hoffmann (2002, S. 37) erfolgt bei metrischen Daten zu der Angabe des Mittelwertes der Stichprobe (MW) im Text ebenfalls die Angabe der Standardabweichung (SD). Bei den Ergebnissen handelt es sich um eine univariate Auswertung der Häufigkeitsverteilung, bei der jede einzelne Variable untersucht wird (Benninghaus 2001, S. 66). Die Häufigkeiten werden der Frage entsprechend in Fällen (Anzahl der Nennungen) und mit Prozentangaben präsentiert. Die Ergebnisse werden bei Bedarf auf zwei Stellen hinter dem Komma gerundet. Zur besseren Orientierung bei der Beantwortung der genannten Kernfragestellungen (s. Kap. 1, S. 3) erfolgt zunächst eine detaillierte Beschreibung der Stichprobe.

Die Häufigkeiten der Ergebnisse werden der Frage entsprechend in Fällen und mit Prozentangaben präsentiert. Aus Gründen der Übersicht und Einheitlichkeit werden alle Abbildungen allerdings mit Prozentangaben und gleicher Skalierung dargestellt.

Im Folgenden werden die Ergebnisse der einzelnen Fragen jeweils mit der Abbildung der Frage, so wie sie im Online Fragebogen zu sehen waren, eingeleitet. Damit soll der Lesefluss des Ergebnisteils verbessert werden. Umständliche Formulierungen und Beschreibungen von Frage und Antwortmöglichkeiten können somit umgangen werden. Der vollständige Fragebogen befindet sich zur Einsicht im Anhang dieser Arbeit.

4.1 Persönliche und sportfachliche Daten

Frage 1:

Sind Sie derzeit als Trainer tätig?

- ja
- nein

Die Frage nach ihrem derzeitigen Trainerstatus bejahten 763 Befragte (81,6%), 172 Befragte (18,4%) verneinten sie (s. Abb. 4.1). Frage 1 des Fragebogens fungierte sogleich als Filterfrage. Für die weitere Darstellung der Ergebnisse bedeutet das, dass bis zu Frage 41 die Größe der Stichprobe 935 Probanden beträgt (n=935), ab Frage 42 beziehen sich die Antworten dann ausschließlich auf die 763 aktiven Trainer (n=763).

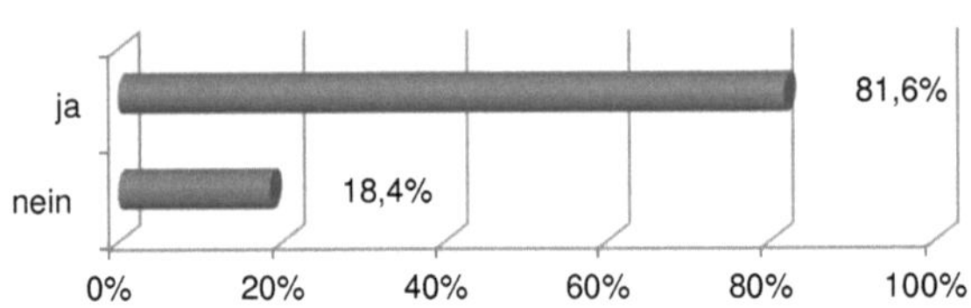

Abbildung 4.1: Sind Sie derzeit als Trainer tätig?
Quelle: Eigene Darstellung.

Frage 2:

Ihr Geburtsjahr?

bitte auswählen

Auswahlbereich 1920 und 1999

Das Durchschnittsalter der Stichprobe liegt bei 37 Jahren. Die Bildung von 10-Jahres-Kategorien erleichtert den Überblick über die Verteilung der Geburtsjahre und zeigt, dass über 90 Prozent der Trainer aus der Stichprobe zwischen 1960 und 1989 geboren wurden. Auffällig ist auch ein deutlicher Sprung der Teilnehmer zwischen den in den 50er Jahren geborenen Trainern und den in den 60er Jahren geborenen Trainern. In den 50er Jahren wurden 6,5 Prozent der Trainer geboren, in den 60er Jahren 28,9 Prozent. (s. Tab. 4.1).

Tabelle 4.1: In welchem Jahr sind Sie geboren?
Quelle: Eigene Darstellung

30er Jahre	40er Jahre	50er Jahre	60er Jahre	70er Jahre	80er Jahre	90er Jahre
0,1%	1,3%	6,5%	28,9%	31,7%	30,5%	1,0%

Frage 3:

Welches Geschlecht haben Sie?

männlich

weiblich

Die Geschlechterverteilung der Stichprobe ist sehr ungleich. 7,8 Prozent der Befragten sind männlich, bei den anderen 92,2 Prozent handelt es sich um Trainerinnen. In Zahlen ausgedrückt sind das 73 Männer im Gegensatz zu 862 Frauen.

Frage 4:

Welchem Landesverband gehören Sie an?

- ○ Pferdesportverband Baden-Württemberg e.V.
- ○ Bayrischer Reit- und Fahrverband e.V.
- ○ Landesverband Pferdesport Berlin-Brandenburg e.V.
- ○ Bremer Reiterverband e.V.
- ○ Landesverband der Reit- und Fahrvereine Hamburg e.V.
- ○ Pferdesportverband Hannover e.V.
- ○ Hessischer Reit- und Fahrverband e.V.
- ○ Landesverband Mecklenburg-Vorpommern für Reiten, Fahren und Voltigieren e.V.
- ○ Pferdesportverband Rheinland e.V.
- ○ Pferdesportverband Rheinland-Pfalz e.V.
- ○ Pferdesportverband Saar e.V.
- ○ Landesverband Pferdesport Sachsen e.V.
- ○ Pferdesportverband Schleswig-Hostein e. V.
- ○ Landesverband der Reit- und Fahrvereine Sachsen-Anhalt e.V.
- ○ Thüringer Reit- und Fahrverband e.V.
- ○ Landesverband Pferdesport Weser-Ems e.V.
- ○ Provinzialverband westfälischer Reit- und Fahrvereine e.V.

Die Frage nach dem Landesverband zeigt, dass sich Trainer aller 17 deutschen Landesverbände an der Befragung beteiligt haben. Die Verbände mit der stärksten Beteiligung sind der Bayerische Reit- und Fahrverband e.V. (128), der Pferdesportverband Westfalen e.V.[4] (127), der Pferdesportverband Rheinland e.V. (101) sowie der Pferdesportverband Baden-Württemberg e.V. (98). Diese vier Verbände machen gemeinsam 48,6 Prozent der gesamten Stichprobe aus (s. Tab.4.2). Die drei Landesverbände mit der geringsten Beteiligung sind der Bremer Reiterverband e.V. (7), der Landesverband Mecklenburg-Vorpommern für Reiten, Fahren und Voltigieren e.V. (11) und der Pferdesportverband Saar e.V. (8). Gemeinsam machen diese drei Verbände nur 2,8 Prozent aller Befragten aus (s. Tab. 4.2). Bei diesen Landesverbänden handelt es sich allerdings auch um vergleichsweise kleine Landesverbände mit wenigen Mitgliedern.

---

4 Zum Zeitpunkt der Befragung lautete der Name des Landesverbandes in Westfalen noch Provinzialverband westfälischer Reit- und Fahrvereine e.V.. Der Name änderte sich allerdings zum Jahr 2010 in Pferdesportverband Westfalen e.V..

Tabelle 4.2: Welchem Landesverband gehören Sie an?
Angaben in Fällen und Prozenten.
Quelle: Eigene Darstellung

Landesverband	Häufigkeit	Prozent
Baden-Württemberg	98	10,5
Bayern	128	13,7
Berlin- Brandenburg	43	4,6
Bremen	7	0,7
Hamburg	9	1,0
Hannover Bremen	85	9,1
Hessen	83	8,9
Mecklenburg-Vorpommern	11	1,2
Rheinland	101	10,8
Rheinland-Pfalz	46	4,9
Saar	8	0,9
Sachsen	21	2,2
Schleswig-Holstein	80	8,6
Sachsen-Anhalt	19	2,0
Thüringen	25	2,7
Weser-Ems	44	4,7
Westfalen	127	13,6

Frage 5:

Welche ist Ihre höchste bestandene Trainerprüfung?

- ○ Trainer A Leistungssport
- ○ Trainer B Leistungssport
- ○ Trainer B Basissport
- ○ Trainer C Leistungssport
- ○ Trainer C Basissport
- ○ Trainer C Schulsport

Von allen befragten Trainern haben nur sechs die Prüfung zum Trainer Schulsport als ihre höchste bestandene Trainerprüfung angegeben, das macht 0,6 Prozent der Stichprobe aus[5]. Den größten Anteil an der Stichprobe tragen die Trainer C Basissport (339 Trainer) und Trainer C Leistungssport (231 Trainer). Diese beiden Qualifikationen machen zusammen 61 Prozent aller befragten Trainer aus. Von den Trainern B haben in Gegensatz zu den Trainern C mehr Leistungssportler (179 Trainer) geantwortet als Basissportler (116 Trainer). Diese beiden Qualifikationen ergeben zusammen 31,5 Prozent der Befragten aus. 64 Trainer A haben den Fragebogen beantwortet, das sind 6,8 Prozent aller beteiligten Trainer (s. Abb. 4.2).

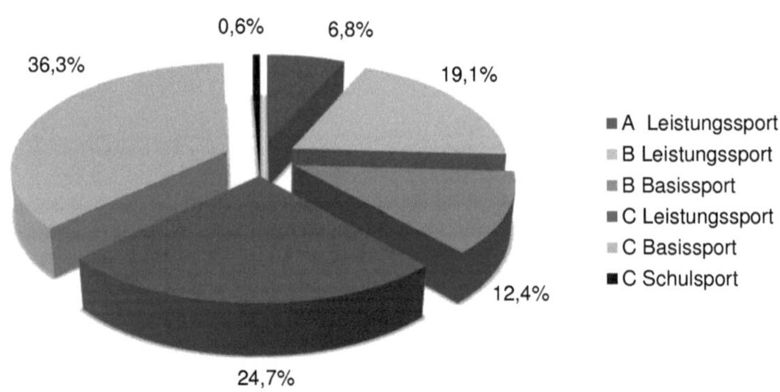

Abbildung 4.2: Welche ist Ihre höchste bestandene Trainerprüfung?
Quelle: Eigene Darstellung.

---

5 Nach APO 2010 gab es eine Streichung des separaten Trainer C Schulsports. Stattdessen Qualifikation zum Trainer C Basissport/Leistungssport plus Modul Schulsport. Der Begriff Trainer Schulsport wird beibehalten.

Frage 6:

Wann war der Zeitpunkt Ihrer letzten Trainerprüfung?

bitte auswählen

Auswahlbereich: 1990-2009

Der Zeitpunkt der letzten Trainerprüfung lag bei einem großen Teil der Befragten weniger als fünf Jahre vom Befragungszeitpunkt (Anfang 2009) zurück. Über 70 Prozent der Trainer legten ihre letzte Prüfung nach dem Jahr 2003 ab. Und nur bei 2,6 Prozent lag der Zeitpunkt der letzten Trainerprüfung weiter zurück als das Jahr 2000. (s. Tab. 4.3)

Tabelle 4.3: Wann war der Zeitpunkt Ihrer letzten Trainerprüfung?
Angaben in Prozent
Quelle: Eigene Darstellung.

vor 2000	'00	'01	'02	'03	'04	'05	'06	'07	'08	'09
2,6	5,3	5,7	6,2	7,1	9,9	10,5	14,8	19,0	18,4	0,4

Frage 7:

Haben Sie momentan eine Reitlehrerhaftpflichtversicherung abgeschlossen?

- ja
- nein

Von den 172 inaktiven Trainern (18,4%) hatten erwartungsgemäß nur wenige Trainer eine derartige Versicherung abgeschlossen. Nur 20 Befragte, die angaben nicht als Trainer aktiv zu sein, sind reitlehrerhaftpflichtversichert. Anteilsmäßig sind das 11,6 Prozent der inaktiven Trainer, die zum Befragungszeitpunkt eine Reitlehrerhaftpflichtversicherung abgeschlossen hatten. Von den aktiven Trainern hatten 419 Trainer eine solche Versicherung. Das sind 54,9 Prozent der aktiven Trainer. Von der gesamten Stichprobe hatten somit 53 Prozent (439 Trainer) zum Befragungszeitpunkt eine Reitlehrerhaftpflichtversicherung abgeschlossen.

Frage 8:

Was ist Ihr höchster Schulabschluss?

- Universität/Fachhochschule
- Abitur
- Mittlere Reife
- Hauptschulabschluss
- kein Schulabschluss

Das Bildungsniveau der befragten Trainer ist hoch. Nur 3,9 Prozent der Stichprobe haben einen Hauptschulabschluss. Gar keinen Schulabschluss haben sogar nur 0,2% Prozent. Knapp ein Drittel der Stichprobe gab als höchsten Schulabschluss die Mittlere Reife an (29,6%). 28,7 Prozent der Befragten nannten das Abitur als höchsten Schulabschluss und 37,6 Prozent besitzen einen Hochschulabschluss (s. Abb. 4.3). Die Trainerqualifikation scheint unabhängig vom Schulabschluss zu sein. Vergleicht man den prozentualen Anteil an Akademikern zwischen Trainer A-Absolventen und Trainer C Basissport-Absolventen, ergibt sich, dass 31,25 Prozent der Trainer A einen Hochschulabschluss haben ebenso wie 38,05 Prozent der Trainer C (Basis). Auch über die anderen Qualifikationen verteilen sich die unterschiedlichen Bildungsabschlüsse gleichmäßig. Die beiden Befragten ohne Schulabschluss legten die Prüfung zum Trainer C Leistungssport ab.

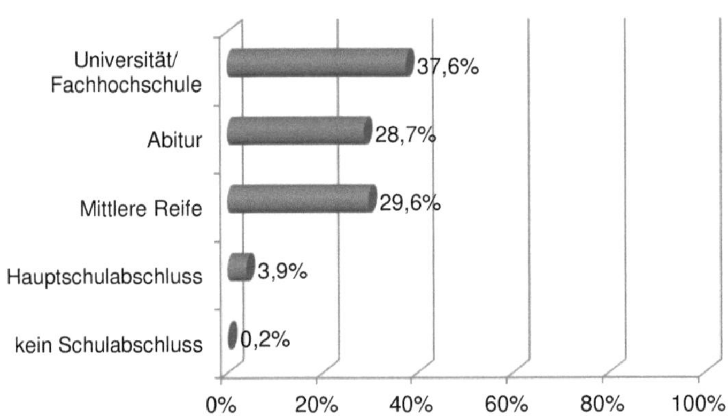

Abbildung 4.3: Was ist Ihr höchster Schulabschluss?
Quelle: Eigene Darstellung

Frage 9:

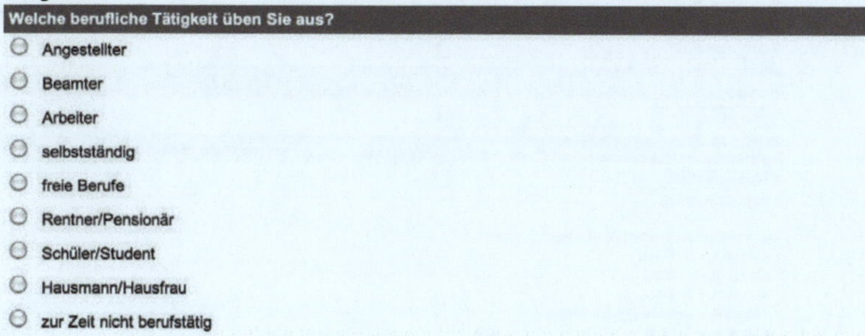
Welche berufliche Tätigkeit üben Sie aus?
- Angestellter
- Beamter
- Arbeiter
- selbstständig
- freie Berufe
- Rentner/Pensionär
- Schüler/Student
- Hausmann/Hausfrau
- zur Zeit nicht berufstätig

Mehr als drei Viertel der Stichprobe setzen sich aus Angestellten (42,5%), Selbstständigen (21,5%) und Schülern und Studenten (10,8%) zusammen. Rentner und Pensionäre (0,9%), Arbeiter (1,5%) und nicht berufstätige Personen (2,6%) bilden die Minderheit (s. Abb. 4.4). Auffällig ist, dass der Anteil von Selbstständigen unter den Trainern A mit 45,3 Prozent deutlich größer ist als bei Trainer C und B Qualifikationen. Fasst man Trainer C Schul-, Basis- und Leistungssport zusammen, sind von ihnen nur 15,2 Prozent selbstständig. Abgesehen von dem Zusammenhang zwischen Trainer A Qualifikation und Selbstständigkeit, verteilen sich die beruflichen Tätigkeiten gleichmäßig über die Qualifikationen. Von sechs Trainern C Schulsport sind drei in einem Angestelltenverhältnis, zwei sind verbeamtet, ein weiterer ist selbstständig.

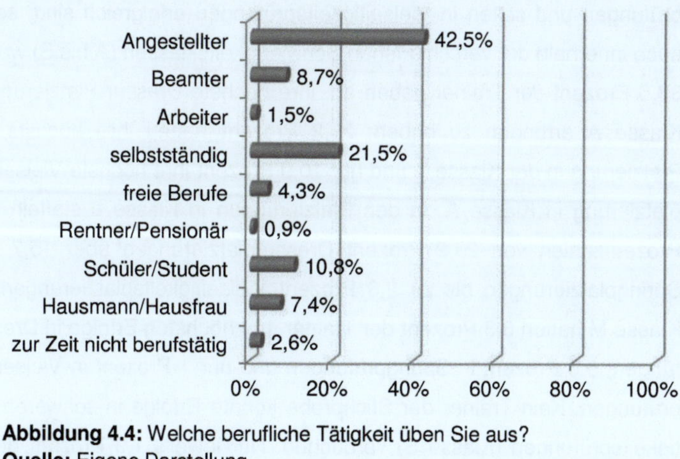

Abbildung 4.4: Welche berufliche Tätigkeit üben Sie aus?
Quelle: Eigene Darstellung.

Fragen 10 bis 12:

Was ist Ihr höchster eigener Turniererfolg in der Dressur:

bitte auswählen

Was ist Ihr höchster eigener Turniererfolg im Springen:

bitte auswählen

Was ist Ihr höchster eigener Turniererfolg in der Vielseitigkeit:

bitte auswählen

✓bitte auswählen

----

keine Erfolge in Vielseitigkeitsprüfungen
Klasse A - 1. Platz
Klasse A - 2. Platz
Klasse A - 3. Platz
Klasse A - weitere Platzierung
Klasse L - 1. Platz
Klasse L - 2. Platz
Klasse L - 3. Platz
Klasse L - weitere Platzierung
Klasse M - 1. Platz
Klasse M - 2. Platz
Klasse M - 3. Platz
Klasse M - weitere Platzierung
Klasse S - 1. Platz
Klasse S - 2. Platz
Klasse S - 3. Platz
Klasse S - weitere Platzierung

Die Anzahl der befragten Trainer ohne Turniererfolge ist hoch. In der Dressur war der Anteil der Trainer ohne Erfolge von allen Disziplinen am geringsten. Knapp ein Drittel der Stichprobe (32,9%) gab an, keine Erfolge in Dressurprüfungen zu haben. Beim Springen war es fast die Hälfte der Trainer (48,6%), die keine Turniererfolge verbuchen konnten. In der Vielseitigkeit gaben sogar 85,3 Prozent der Stichprobe an, keine Turniererfolge erritten zu haben. Diese Tendenz, dass die Trainer häufiger in Dressur- als in Springprüfungen und selten in Vielseitigkeitsprüfungen erfolgreich sind, setzt sich auch innerhalb der verschiedenen Schwierigkeitsklassen (A bis S) weiter fort. 33,6 Prozent der Trainer gaben an, ihre höchste Dressur-Platzierung in der Klasse A errungen zu haben; 28,2 Prozent hatten ihre höchste Spring-Platzierung in der Klasse A und nur 10,9 Prozent ihre höchste Vielseitigkeitsplatzierung in Klasse A. In den Platzierungen in Klasse L staffeln sich die Prozentzahlen von 23,2 Prozent Dressurplatzierungen über 15,7 Prozent Springplatzierungen bis zu 2,6 Prozent Vielseitigkeitsplatzierungen. In der Klasse M hatten 8,3 Prozent der Trainer ihre höchsten Erfolge in Dressurprüfungen, 5,5 Prozent in Springprüfungen und nur 1 Prozent in Vielseitigkeitsprüfungen. Kein Trainer der Stichprobe konnte Erfolge in schweren Vielseitigkeitsprüfungen (Klasse S) verbuchen. Nur jeweils 1,9 Prozent der Stichprobe hat Erfolge in schweren Dressur- oder Springprüfungen (s. Tab. 4.4).

Tabelle 4.4: Was ist Ihr höchster Turniererfolg in D/S/VS?
Angaben in Prozent.
Quelle: Eigene Darstellung

	Dressur	Springen	Vielseitigkeit
keine Erfolge in dieser Disziplin	32,9	48,6	85,3
Kl. A - 1. Platz	10,3	9,5	2,1
Kl. A - 2. Platz	5,5	4,1	1,5
Kl. A - 3. Platz	4,3	3,4	1,8
Kl. A - weitere Platzierung	13,5	11,2	5,5
Kl. L - 1. Platz	8,4	6,6	0,3
Kl. L - 2. Platz	3,2	3,0	0,2
Kl. L - 3. Platz	3,6	0,9	0,7
Kl. L - weitere Platzierung	8,0	5,2	1,4
Kl. M - 1. Platz	2,9	2,1	0,1
Kl. M - 2. Platz	1,4	0,7	0,2
Kl. M - 3. Platz	1,4	1,0	0,1
Kl. M - weitere Platzierung	2,6	1,7	0,6
Kl. S - 1. Platz	0,7	0,9	0
Kl. S - 2. Platz	0	0,4	0
Kl. S - 3. Platz	0,2	0,3	0
Kl. S - weitere Platzierung	1,1	0,3	0
Gesamt	100%	100%	100%

Fragen 13 bis 15:

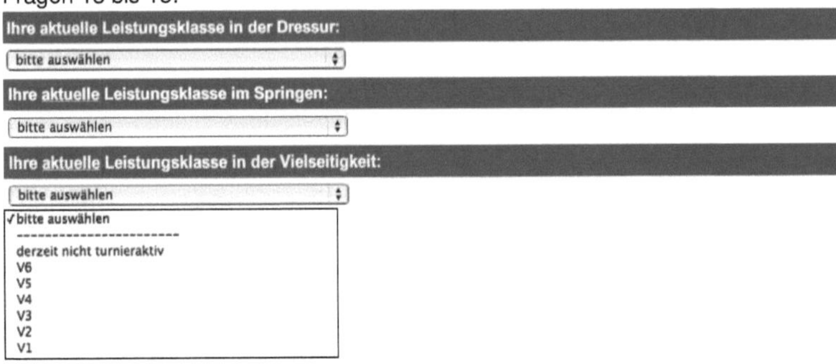
Ihre aktuelle Leistungsklasse in der Dressur:
bitte auswählen
Ihre aktuelle Leistungsklasse im Springen:
bitte auswählen
Ihre aktuelle Leistungsklasse in der Vielseitigkeit:
bitte auswählen
✓bitte auswählen
----
derzeit nicht turnieraktiv
V6
V5
V4
V3
V2
V1

Entsprechend der Auswertung der höchsten Turniererfolge der Stichprobe (Fragen 10 bis 12) ist auch die aktuelle Turnieraktivität der Trainer eher gering. Über 60 Prozent der Trainer gaben an, zum Befragungszeitpunkt in den Disziplinen Dressur (61,3%) und Springen (63,1%) nicht turnieraktiv zu sein. In der Vielseitigkeit waren es sogar 71,7 Prozent, die derzeit nicht aktiv an Turnieren teilgenommen haben.

Dressur: Die meisten Trainer hatten in der Disziplin Dressur eine aktuelle Leistungsklasse und galten somit als turnieraktiv. 6,3 Prozent ritten mit Leistungsklasse (LK) 6, 19,1 Prozent mit LK 5, 10,5 Prozent mit LK 4. Nur 2,7 Prozent ritten mit LK 3 und 2. Mit der höchsten Leistungsklasse LK 1 ritt zum Befragungszeitpunkt keiner der Trainer. (s. Tab. 4.5)

Springen: Sehr ähnlich sieht die Verteilung in der Disziplin Springen aus. Auch in dieser Disziplin waren die Trainer mit LK 5 am stärksten vertreten (16,8%). 11,3 Prozent der Trainer ritten mit LK 6. Weitere 7,0 Prozent ritten zum Befragungszeitpunkt mit LK 4. Die Leistungsklassen 3 und 2 nannten nur 1,6 Prozent der Befragten ihre aktuelle Leistungsklasse. Im Gegensatz zur Dressur gaben zwei Reiter (0,2%) an, Springprüfungen mit LK 1 zu bestreiten. (s. Tab. 4.5)

Vielseitigkeit: In der Vielseitigkeit war das Leistungsniveau der Stichprobe am geringsten. 17,7 Prozent der Trainer ritten mit LK 6, 8,4 Prozent mit LK 5. Die Leistungsklassen 4, 3 und 2 nannten nur 2,2 Prozent ihr aktuelle LK. Mit LK 1 ritt keiner der Trainer Vielseitigkeitsprüfungen. (s. Tab. 4.5)

Allgemein: Insgesamt liegt das Leistungsniveau der Trainer als aktive Turnierreiter in einem niedrigen Bereich. Ein Großteil der Trainer war in allen drei Disziplinen gar nicht turnieraktiv. Jeweils etwas mehr als 25 Prozent der Trainer befanden sich im Bereich LK 5 und 6, also Leistungsklassen, mit denen man auf Turnieren meistens in den Klassen E, A und L starten darf. Nach oben nahm das Leistungsniveau stark ab.

Tabelle 4.5: Ihre aktuelle Leistungsklasse in D/S/VS?
Angaben in Prozent
Quelle: Eigenen Darstellung

	Dressur	Springen	Vielseitigkeit
derzeit nicht turnieraktiv	61,3	63,1	71,7
LK 6	6,3	11,3	17,6
LK 5	19,1	16,8	8,4
LK 4	10,5	7,0	1,7
LK 3	2,2	1,2	0,4
LK 2	0,5	0,4	0,1
LK 1	0	0,2	0

4.2 Arbeitsbereiche und Arbeitssituation

Fragen 42 bis 45:

Wie häufig unterrichten Sie diese Zielgruppen?	regelmäßig	unregelmäßig	nie
Kinder bis 12 Jahre	○	○	○
Jugendliche 13 bis 18 Jahre	○	○	○
Erwachsene 19 bis 29 Jahre	○	○	○
Erwachsene über 30 Jahre	○	○	○

Bei der Verteilung der Zielgruppen lassen sich innerhalb der Stichprobe Unterschiede feststellen. Die Trainer haben angegeben Kinder bis zwölf Jahre (70,2%) und Jugendliche zwischen 13 und 18 Jahre (69,9%) am häufigsten regelmäßig zu unterrichten. Erwachsene zwischen 19 und 29 Jahre (52,7%) und Erwachsene über 30 Jahre (58,3%) werden jeweils von über der Hälfte der Trainer regelmäßig unterrichtet. 11,9 Prozent der Stichprobe gaben an, Erwachsene zwischen 19 und 29 Jahren nie zu unterrichten. Damit ist diese die am wenigsten unterrichtete Zielgruppe. Da nur 7,9 Prozent angegeben haben, Kinder bis 12 Jahre nie zu unterrichten, ist dies insgesamt die Zielgrupe, die am meisten von der Stichprobe unterrichtet wird (s. Abb. 4.5).

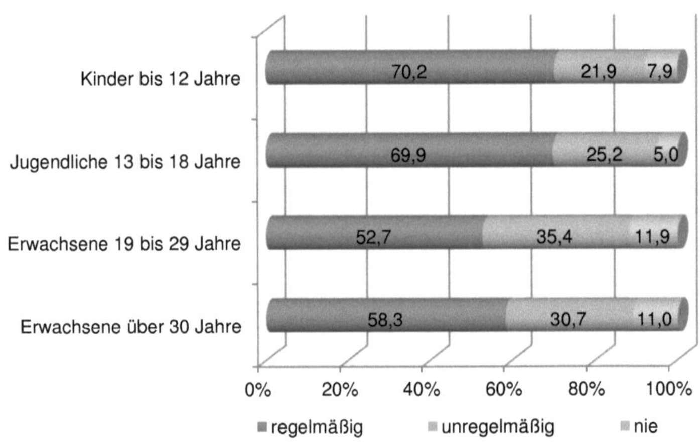

Abbildung 4.5: Wie häufig unterrichten Sie diese Zielgruppen?
Quelle: Eigene Darstellung.

Fragen: 46 bis 49:

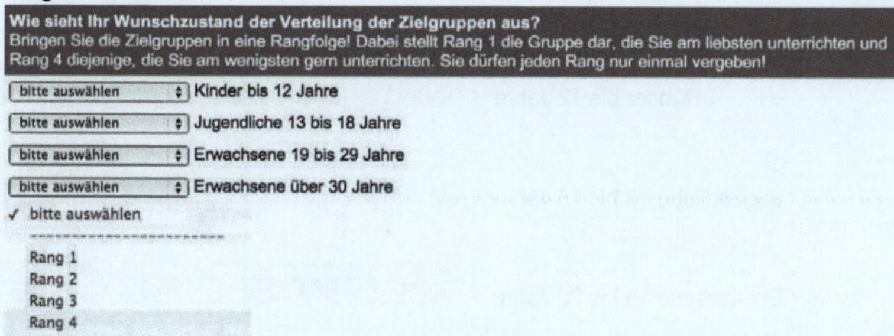

Der Wunschzustand der Verteilung der Zielgruppe entspricht dem aktuellen Verteilungszustand zum Befragungszeitpunkt (s. Fr. 42 - 45 & Abb. 4.5). Auch wenn die Trainer die Zielgruppen selbst auswählen könnten, würden sie die jüngeren Gruppen den erwachsenen Gruppen vorziehen.

Betrachtet man die ersten beiden Ränge gemeinsam und addiert deren Prozentzahlen, so ordnen 58,4 Prozent der Stichprobe Kindern bis 12 Jahre Rang 1 und 2 zu. Jugendliche zwischen 13 und 18 Jahren erhalten sogar von 61,5 Prozent der Befragten die ersten beiden Ränge zugeordnet. Erwachsene zwischen 19 und 29 Jahre bekamen nur von 44 Prozent der Stichprobe die ersten beiden Ränge zugeordnet, bei den über 30-jährigen waren es sogar nur 36 Prozent, die Rang 1 und 2 vergaben.

Jugendliche zwischen 13 und 18 Jahre erhielten mit 34,6 Prozent von den Befragten am häufigsten den ersten Rang zugeordnet, im Gegensatz dazu Erwachsene über 30 Jahre mit 16,1 Prozent am seltensten. Die Erwachsenen über 30 Jahre bekamen außerdem mit 39,3 Prozent mit Abstand am häufigsten Rang 4 zugeordnet (s. Abb. 4.6).

Somit widersprechen sich Ist-Zustand und Wunschzustand im Hinblick auf die Zielgruppenverteilung nicht.

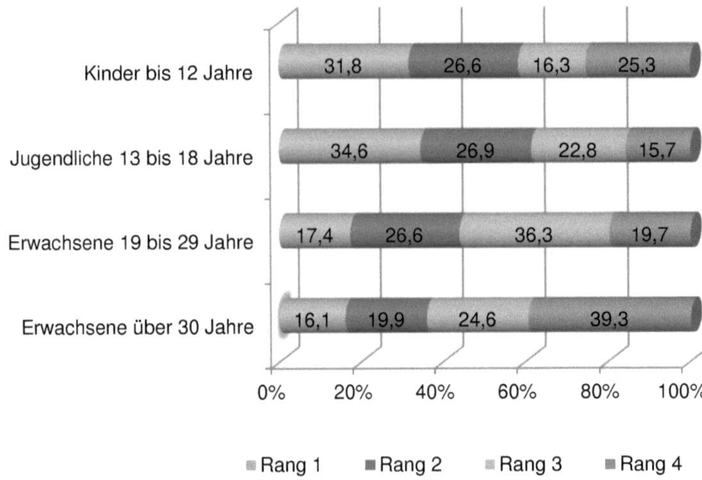

Abbildung 4.6: Wie sieht Ihr Wunschzustand der Altersverteilung aus?
Quelle: Eigene Darstellung.

Frage 50:

Unterrichten Sie lieber Anfänger oder fortgeschrittene Reiter?

- ○ Anfänger
- ○ Fortgeschrittene
- ○ keine Präferenz

Von allen aktiven befragten Trainern gaben 51,9 Prozent an, keine Präferenz für Anfänger oder fortgeschrittene Reiter zu haben. Insgesamt 20,4 Prozent bevorzugten Anfänger, 27,7 Prozent fortgeschrittene Reiter (s. Abb. 4.7).
Betrachtet man die einzelnen Trainerqualifikationen und die prozentualen Anteile innerhalb der einzelnen Qualifikationen, so ergibt sich ein leicht verschobenes Bild. Der Anteil der neutralen Antworten ist durchweg groß und liegt immer in dem Bereich zwischen 48,4 Prozent bei den Trainern A und 56,4 Prozent bei den Trainern B Leistungssport. Nur die drei aktiven Trainer C Schulsport haben geschlossen keine Präferenz.
Bei der Präferenz für Anfänger schwanken die Werte deutlicher. Die Trainer C Basissport bevorzugen Anfänger mit 31,7 Prozent am deutlichsten.

25,2 Prozent der Trainer B Basissport bevorzugen Anfänger ebenso wie 17,5 Prozent der Trainer C Leistungssport. Trainer B Leistungssport (5,8%) und Trainer A (9,7%) bevorzugen Anfänger am wenigsten. Diese beiden Gruppen sind diejenigen, die am stärksten fortgeschrittene Reiter bevorzugen: 41,9 Prozent der Trainer A und 37,8 Prozent der Trainer B (Leistung) unterrichten lieber fortgeschrittene Reiter. Von den Trainer C (Leistung) sind es 30,9 Prozent, die Fortgeschrittene bevorzugen, von Trainer B Basissport (20,3%) und Trainer C Basissport (19,4%) sind es deutlich weniger.

Erwartungsgemäß ist der prozentuale Traineranteil, der fortgeschrittene Reiter bevorzugt, unter den Trainern Leistungssport höher als unter den beiden Basisport-Qualifikationen.

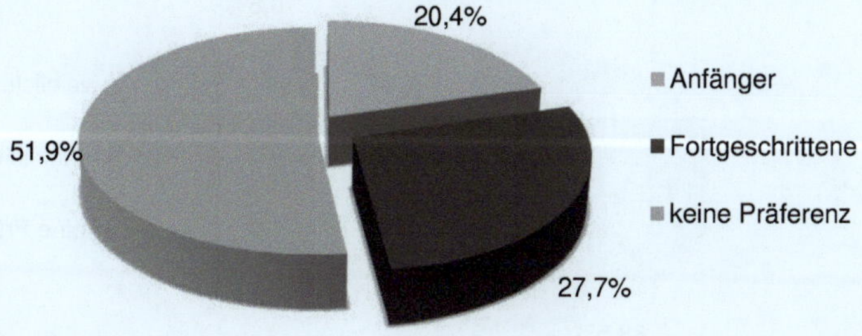

Abbildung 4.7: Unterrichten Sie lieber Anfänger oder Fortgeschrittene?
Quelle: Eigene Darstellung.

Frage 51:

Unterrichten Sie lieber weibliche oder männliche Reitschüler?

- weiblich
- männlich
- keine Präferenz

Die Stichprobe ist im Hinblick auf das Geschlecht ihrer Reitschüler überwiegend neutral. 88,5 Prozent der Befragten haben keine Präferenz für weibliche oder männliche Reitschüler. 10,7 Prozent bevorzugen Frauen und nur 0,8 Prozent gaben an, männliche Schüler zu bevorzugen. Dabei hat allerdings keiner der sechs aktiven männlichen Befragten angegeben, männliche Reitschüler zu bevorzugen (s. Abb. 4.8).

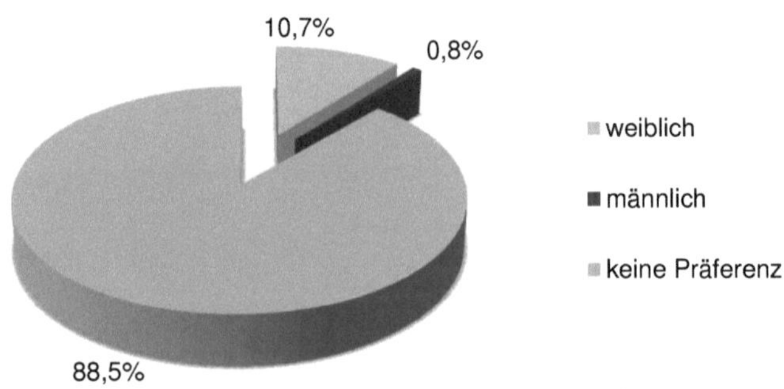

Abbildung 4.8: Unterrichten Sie lieber weibliche oder männliche Schüler?
Quelle: Eigene Darstellung.

Frage 52:

Unterrichten Sie lieber Reitschüler auf Schulpferden oder auf Privatpferden (inklusive Reitbeteiligung)?

- Schulpferde
- Privatpferde
- keine Präferenz

Von allen aktiven Trainern der Stichprobe haben 52,9 Prozent keine Vorliebe für das Unterrichten auf Schulpferden oder Privatpferden. Etwas mehr als ein Drittel der Befragten unterrichtet lieber auf Privatpferden, die restlichen 11,7 Prozent lieber auf Schulpferden (s. Abb. 4.9). Vergleicht man die einzelnen Qualifikationen untereinander, ergibt sich ein leicht gestaffeltes Bild. Sowohl bei den beiden Trainer C Qualifikationen Breiten- und Leistungssport (26,6% im Gegensatz zu 39,8%) als auch bei den beiden Trainer B Qualifikationen Breiten- und Leistungssport (35,9% im Gegensatz zu 40,4%) bevorzugen die Leistungssportler mit einem höheren Prozentsatz Reitschüler auf Privatpferden. Die Trainer A unterrichten mit dem insgesamt höchsten Prozentsatz von 50 Prozent lieber auf Privatpferden.

Je höher die Qualifikation und je stärker die Leistungssportorientierung, desto eher bevorzugen die befragten Trainer Privatpferde. Die drei aktiven Trainer C Schulsport haben einheitlich keine Präferenz im Bezug auf die Pferde.

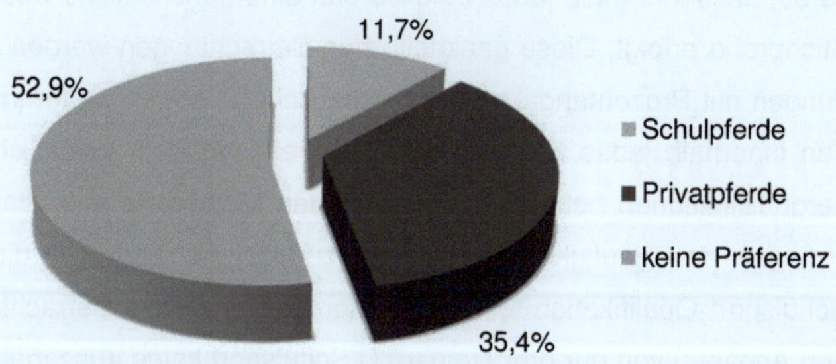

Abbildung 4.9: Unterrichten Sie lieber auf Schul- oder auf Privatpferden?
Quelle: Eigene Darstellung.

Fragen 53 bis 71:

Wie häufig unterrichten Sie in den folgenden Arbeitsbereichen:	immer	häufig	manchmal	selten	nie
Breitensport					
Leistungssport					
Hochleistungssport					
Anfängerunterricht					
Fortgeschrittenenunterricht					
Longenunterricht bei den ersten Kontakten mit dem Pferd					
Erwachsene Wiedereinsteiger					
Dressur					
Springen					
Geländeunterricht (Teildisziplin der Vielseitigkeit)					
Geländeunterricht ohne Springen					
Gelassenheit/Bodenarbeit					
Heilpädagogisches Reiten					
Hippotherapie					
Reiten als Behindertensport					
Western					
Barock					
Distanz					
Gangpferde					

Um eine bessere Übersicht zu gewährleisten, wird der Frageblock 53 bis 71 in sieben thematische Untergruppen gegliedert. Dabei ist die Vorgehensweise so, dass innerhalb jedes Blockes erst eine ganzheitliche Betrachtung der Stichprobe erfolgt. Diese ganzheitlichen Betrachtungen werden durch Abbildungen mit Prozentangaben veranschaulicht. In einem weiteren Schritt werden innerhalb jedes Blockes die Häufigkeitsangaben zusätzlich nach Trainerqualifikationen betrachtet. Dazu werden Mittelwerte und Standardabweichungen der Häufigkeitsangaben hinzugezogen. Lediglich die Trainer C Schulsport Qualifikation fehlt bei dieser differenzierten Betrachtung, da aus den Angaben von nur drei Trainern C Schulsport keine aussagekräftigen Mittelwerte gebildet werden können.

Die Befragten konnten die Häufigkeit ihrer Tätigkeit in den 19 Arbeitsbereichen auf einer Fünferskala angeben. Die Auswertung erfolgte durch Zuordnung von Werten zu den fünf vorgegebenen Antwortausprägungen. Dabei entsprach „immer“ dem Wert 1, „häufig“ dem Wert 2, „manchmal“ dem Wert 3, „selten“ dem Wert 4 und „nie“ dem Wert 5.

Ein errechneter Mittelwert von 2 bedeutet, dass der Arbeitsbereich von der Stichprobe „häufig" unterrichtet wird. Ein Mittelwert von 4 zeigt, dass der Arbeitsbereich „selten" unterrichtet wird. Je niedriger der Mittelwert, desto häufiger unterrichten die Trainer demnach im Durchschnitt den betreffenden Arbeitsbereich.

Die Standardabweichung gibt Auskunft darüber, wie weit die Angaben aller befragten Trainer auseinander liegen. Eine niedrige Standardabweichung ist ein Anhaltspunkt dafür, dass die Meinungen der befragten Trainer statistisch gesehen nah beieinander liegen. Je höher die Standardabweichung ist, desto weiter legen die Häufigkeitsangaben auseinander. Bei einem Mittelwert von 3 und einer Standardabweichung von 0, hätte die gesamte Stichprobe einheitlich mit „manchmal" geantwortet. Je höher die Standardabweichung steigt, desto größer und/oder häufiger sind von 3 („manchmal") abweichende Antworten nach rechts und links.

Arbeitsbereiche 53 - 55: Breitensport, Leistungssport, Hochleistungssport

Die Unterschiede zwischen den Häufigkeiten auf den unterschiedlichen Leistungsniveaus Breitensport, Leistungssport, Hochleistungssport sind groß. 47,3 Prozent der Stichprobe unterrichten „immer" im Breitensport. Im Leistungssport unterrichten nur 9,8 Prozent der Befragten „immer", im Hochleistungssport sogar nur 1,6 Prozent. Bei der Häufigkeitsangabe „nie" ist die prozentuale Staffelung gegenläufig zu „immer". Nur 5 Prozent der Stichprobe unterrichten „nie" im Breitensport, 22,9 Prozent unterrichten „nie" im Bereich des Leistungssports und 78,8 Prozent „nie" im Hochleistungssport (Abb. 4.14). Über 90 Prozent der Trainer gaben an, im Breitensport „immer", „häufig" oder „manchmal" zu unterrichten. Knapp 60 Prozent (58,4%) der Stichprobe setzten bei Leistungssport ihr Kreuz bei „immer", „häufig" oder „manchmal". Bei dem Arbeitsbereich Hochleistungssport kreuzten diese drei Häufigkeitsmerkmale nur 9,7 Prozent der Stichprobe an (s. Abb. 4.10).

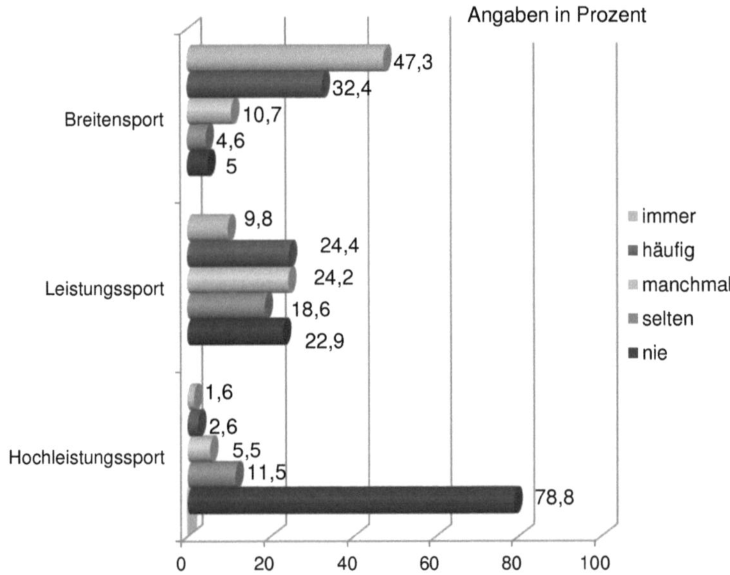

Abbildung 4.10: Häufigkeit: Breiten-, Leistungs-, Hochleistungssport?
Quelle: Eigene Darstellung.

Die Lage der Mittelwerte innerhalb der einzelnen Qualifikationen ähnelt stark der Lage der Mittelwerte aller Qualifikationen (s. Tab. 4.6). Der Arbeitsbereich Breitensport ist ausgeprägt. Grundsätzlich ist festzustellen, dass mit steigender Qualifikation die Aktivität im Breitensport tendenziell abnimmt und die Aktivität im Leistungs- und Hochleistungssport tendenziell zunimmt. Innerhalb der Trainer C und B Qualifikationen ist die Aktivität im Breitensport bei den Basissportlern höher als bei den Leistungssportlern. (MW Tr. C Basis: 1,6; MW Tr. C Leistung: 2,2; MW Tr. B Basis: 1,8; MW Tr. B Leistung 2,0). Der Mittelwert der Angaben für Breitensport der Trainer A ist mit 2,0 gleich dem der Trainer B Leistungssport. Auch die Standardabweichung unterscheidet sich mit 1,1 (Tr. B Leistung) und 1,0 (Tr. A) nur unwesentlich. Allerdings liegen die Mittelwerte der Angaben zum Leistungssport bei den Trainern A um 0,2 niedriger als bei den Trainer B Leistungssport. (MW Tr. B Leistung: 2,5; MW Tr. A: 2,3). Der Arbeitsbereich Hochleistungssport ist bei allen Qualifikationen deutlich abgeschlagen. Der Mittelwert für den Bereich

Hochleistungssport aller Trainerqualifikationen liegt bei 4,6, der Mittelwert der Trainer A gerade einmal bei 4,2. Damit liegen beide Mittelwerte im Bereich zwischen „selten" und „nie". (s. Tab. 4.6)

Tabelle 4.6: Häufigkeit: Breiten-, Leistungs-, Hochleistungssport? Mittelwerte und Standardabweichungen.
Quelle: Eigene Darstellung.

	MW	SD
Alle Qualifikationen (n=763)		
Breitensport	1,9	1,1
Leistungssport	3,2	1,3
Hochleistungssport	4,6	0,8
C Basis (n=268)		
Breitensport	1,6	0,9
Leistungssport	3,9	1,2
Hochleistungssport	4,8	0,5
C Leistung (n=171)		
Breitensport	2,2	1,3
Leistungssport	2,8	1,2
Hochleistungssport	4,6	0,9
B Basis (n=103)		
Breitensport	1,8	0,9
Leistungssport	3,6	1,1
Hochleistungssport	4,8	0,6
B Leistung (n=156)		
Breitensport	2,0	1,1
Leistungssport	2,5	1,1
Hochleistungssport	4,4	1,0
A Leistung (n=62)		
Breitensport	2,0	1,0
Leistungssport	2,3	1,1
Hochleistungssport	4,2	1,1

Arbeitsbereiche 56 – 57: Anfängerunterricht, Fortgeschrittenenunterricht

Die Häufigkeitsverteilung zwischen Anfänger und Fortgeschrittenenunterricht ist insgesamt ausgeglichener als zwischen den Leistungsniveaus (Abb. 4.14). 75,7 Prozent der Stichprobe haben angegeben, „immer“ oder „häufig“ Anfängerunterricht zu erteilen, 76,4 Prozent haben angegeben, „immer“ oder „häufig“ Fortgeschrittenenunterricht zu geben. Nur sehr wenige Trainer gaben an, einen dieser Bereiche „nie“ zu unterrichten. Bei Anfängerunterricht waren es 2,2 Prozent, die mit „nie“ antworteten, bei Fortgeschrittenenunterricht 2,1 Prozent (s. Abb. 4.11).

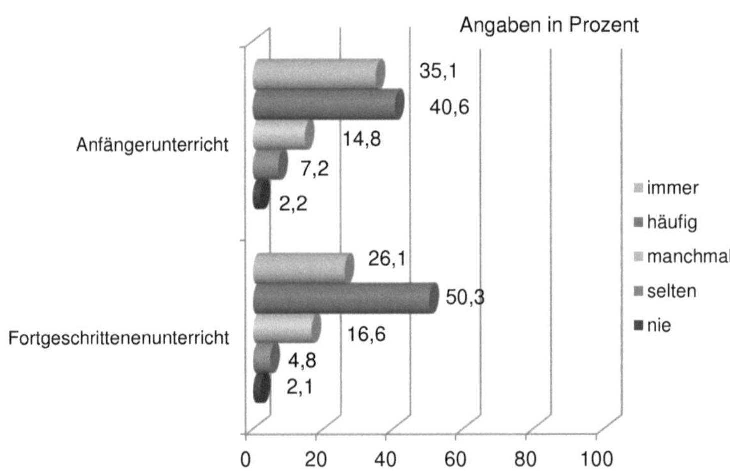

Abbildung 4.11: Häufigkeit: Anfänger und Fortgeschrittene?
Quelle: Eigene Darstellung.

Die Mittelwerte der Häufigkeitsangaben der gesamten Stichprobe liegen mit 2,0 bei Anfängerunterricht und 2,1 bei Fortgeschrittenenunterricht im Bereich von „häufig“ eng beieinander. Trainer A und Trainer B Leistungssport geben deutlich häufiger Fortgeschrittenen- als Anfängerunterricht. Bei beiden Qualifikationen liegt der Mittelwert für Fortgeschrittenenunterricht mit 1,8 um 0,5 niedriger als der Mittelwert für Anfängerunterricht (MW 2,3). Die Standardabweichungen der vier Mittelwerte liegen im Bereich zwischen 0,7 und

1,1. Bei den beiden Basissportqualifikationen ist die Verteilung umgekehrt. Diese unterrichten häufiger Anfänger als Fortgeschrittene. Die Mittelwerte liegen bei Trainer C Basissport mit einer Differenz von 0,5 deutlicher auseinander als bei Trainer B Basissport. Dort beträgt die Mittelwertdifferenz nur 0,1. Trainer C (Leistung) ist die einzige Qualifikation, bei der die Mittelwerte von Anfänger- und Fortgeschrittenenunterricht identisch sind (MW 2,1); die Standardabweichungen unterscheiden sich mit einer Differenz von 0,2 nur unerheblich (s. Tab 4.7).

Tabelle 4.7: Häufigkeit: Anfänger und Fortgeschrittene? Mittelwerte und Standardabweichungen.
Quelle: Eigene Darstellung.

	MW	SD
Alle Qualifikationen (n=763)		
Anfängerunterricht	2,0	1,0
Fortgeschrittenenunterricht	2,1	0,9
C Basis (n=268)		
Anfängerunterricht	1,8	0,8
Fortgeschrittenenunterricht	2,3	1,0
C Leistung (n=171)		
Anfängerunterricht	2,1	1,1
Fortgeschrittenenunterricht	2,1	0,9
B Basis (n=103)		
Anfängerunterricht	1,9	0,8
Fortgeschrittenenunterricht	2,0	0,8
B Leistung (n=156)		
Anfängerunterricht	2,3	1,1
Fortgeschrittenenunterricht	1,8	0,8
A Leistung (n=62)		
Anfängerunterricht	2,3	1,1
Fortgeschrittenenunterricht	1,8	0,7

Arbeitsbereiche 58- 59: Longenunterricht bei den ersten Kontakten zum Pferd, erwachsene Wiedereinsteiger

Longenunterricht bei den ersten Kontakten zum Pferd unterrichtet die gesamte Stichprobe mit etwas größerer Häufigkeit als erwachsene Wiedereinsteiger. 74,8 Prozent der befragten Trainer gaben an, im Longenunterricht bei den ersten Kontakten zum Pferd „immer", „häufig" oder „manchmal" zu unterrichten. Dagegen setzten 61,2 Prozent der Stichprobe bei erwachsenen Wiedereinsteigern ihr Kreuz bei „immer", „häufig" oder „manchmal". Mit 11,1 Prozent ist auch der Anteil derjenigen größer, der „nie" erwachsene Wiedereinsteiger" unterrichtet. 7,7 Prozent machten diese Angabe für Longenunterricht bei den ersten Kontakten zum Pferd (Abb. 4.16)

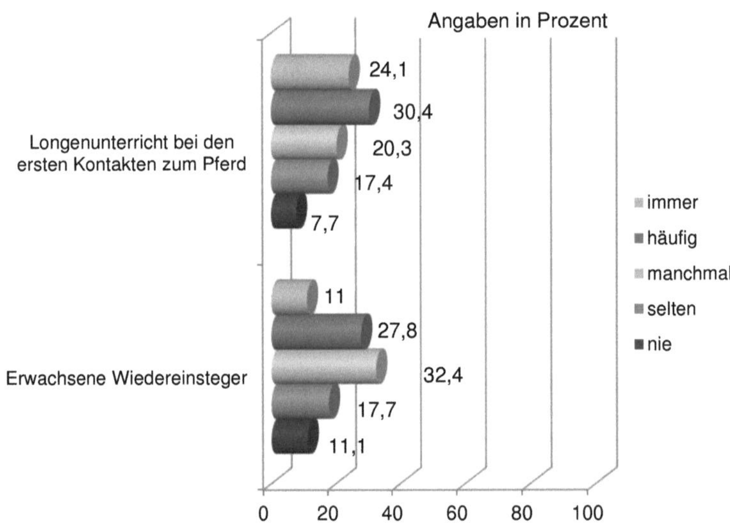

Abbildung 4.12: Häufigkeit: Longe (1. Kontakt), erw. Wiedereinsteiger?
Quelle: Eigene Darstellung.

Die Standardabweichungen liegen für die Bewertungen der Arbeitsbereiche Longenunterricht bei den ersten Kontakten zum Pferd und erwachsene Wiedereinsteiger, verglichen mit den anderen sechs Arbeitsbereichsgruppen verhältnismäßig hoch. Die Standardabweichungen liegen zwischen 1,1 und 1,3. Trainer C Basissport unterrichten mit einem Mittelwert von 2,3 am häufigsten Longenunterricht bei den ersten Kontakten zum Pferd. Trainer B Leistung unterrichten diesen Bereich - verglichen mit anderen Qualifikationen - am seltensten (MW 2,8). Die erwachsenen Wiedereinsteiger werden mit Mittelwerten von 2,7 am häufigsten von Trainern B Leistungssport und Trainern A unterrichtet., mit Mittelwerten von 2,8 bis 3,0 seltener von den beiden Trainer C Qualifikationen und Trainern B Basissport (s. Tab. 4.8).

Tabelle 4.8: Häufigkeit: Longe (1. Kontakt), erw. Wiedereinsteiger? Mittelwerte und Standardabweichungen.
Quelle: Eigene Darstellung

	MW	SD
Alle Qualifikationen (n=763)		
Longe	2,5	1,2
Erwachsene Wiedereinsteiger	2,9	1,2
C Basis (n=268)		
Longe	2,3	1,2
Erwachsene Wiedereinsteiger	3,0	1,2
C Leistung (n=171)		
Longe	2,8	1,3
Erwachsene Wiedereinsteiger	3,0	1,2
B Basis (n=103)		
Longe	2,4	1,1
Erwachsene Wiedereinsteiger	2,8	1,0
B Leistung (n=156)		
Longe	2,8	1,3
Erwachsene Wiedereinsteiger	2,7	1,1
A Leistung (n=62)		
Longe	2,7	1,3
Erwachsene Wiedereinsteiger	2,7	1,1

Arbeitsbereiche 60 – 61: Dressur, Springen

Zwischen den Arbeitsbereichen Dressur und Springen liegen deutliche Unterschiede im Bezug auf die Unterrichtshäufigkeit. 88,1 Prozent der Stichprobe lehren „immer" oder „häufig" Dressur. Dagegen sind es nur 31,5 Prozent, die „immer" oder „häufig" Springen unterrichten. Bei Dressur gaben nur 2 Prozent an, diesen Bereich „nie" zu unterrichten, bei Springen kreuzten 10,7 Prozent „nie" an (s. Abb.4.13).

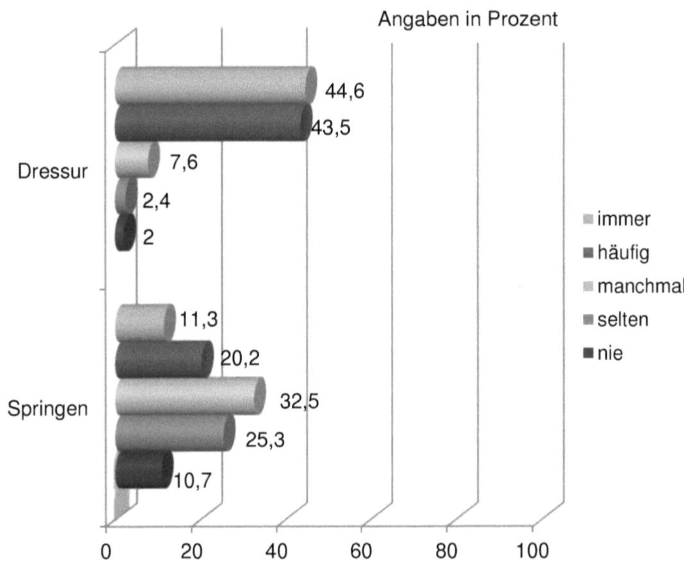

Abbildung 4.13: Häufigkeit: Springen, Dressur?
Quelle: Eigene Darstellung.

Von allen Qualifikationen geben Trainer B Basissport mit einem Mittelwert von 1,9 am seltensten Dressurunterricht, Trainer A mit einem Mittelwert von 1,5 am häufigsten. Vergleicht man alle Qualifikationen bezüglich des Bereiches Springen, wird deutlich, dass Trainer C Basissport mit einem Mittelwert von 3,0 am seltensten Springen unterrichten, Trainer A mit einem Mittelwert von 2,7 am häufigsten. Damit sind die Trainer A diejenigen, die sowohl Springen als auch Dressur am häufigsten lehren. Auffällig ist, dass sowohl unter allen Qualifikationen als auch innerhalb jeder einzelnen Qualifikation die Standardabweichung für den Bereich Springen über der Standardabweichung für Dressur liegt. Demnach antwortet die Stichprobe für den Bereich Springen mit größerer Uneinigkeit als für den Bereich Dressur (s. Tab. 4.9).

Tabelle 4.9: Häufigkeit: Springen, Dressur?
Mittelwerte und Standardabweichungen.
Quelle: Eigene Darstellung.

	MW	SD
Alle Qualifikationen (n=763)		
Dressur	1,7	0,9
Springen	3,0	1,2
C Basis (n=268)		
Dressur	1,8	0,9
Springen	3,2	1,1
C Leistung (n=171)		
Dressur	1,8	0,9
Springen	3,0	1,2
B Basis (n=103)		
Dressur	1,9	0,9
Springen	3,1	1,1
B Leistung (n=156)		
Dressur	1,6	0,7
Springen	2,9	1,2
A Leistung (n=62)		
Dressur	1,5	0,7
Springen	2,7	1,3

Arbeitsbereiche 62 – 64: Geländeunterricht als Teildisziplin der Vielseitigkeit, Geländeunterricht, Gelassenheit/Bodenarbeit

Nur 8,8 Prozent aller aktiven Befragten lehren Geländeunterricht als Teildisziplin der Vielseitigkeit „immer“ oder „häufig“. 56,7 Prozent gaben sogar an, diesen Bereich „nie“ zu unterrichten. Das ergibt geringe Aktivität und große Inaktivität im Bereich Vielseitigkeits-Geländetraining. 26,2 Prozent der Stichprobe erteilen Geländeunterricht ohne Springen „immer“ oder „häufig“ und 25,2 Prozent unterrichten Gelassenheit/Bodenarbeit „immer“ oder „häufig“. Der Anteil derjenigen, die Geländeunterricht ohne Springen und Gelassenheit/Bodenarbeit „nie“ lehren, liegt jeweils unter einem Drittel. Bei Geländeunterricht ohne Springen waren es 28,3 Prozent, bei Gelassenheit/Bodenarbeit 28,8 Prozent (s. Abb. 4.14).

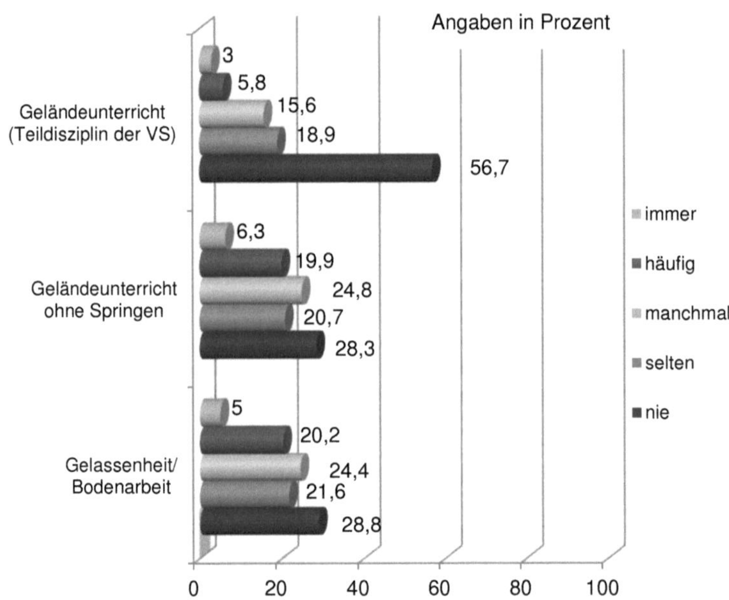

Abbildung 4.14: Häufigkeit: Gelände (VS), Gelände (ohne S), Gelassenheit/Bodenarbeit?
Quelle: Eigene Darstellung

Mit einem Mittelwert von 3,7 erteilen Trainer A zwar eher „selten“ Geländeunterricht als Teildisziplin der Vielseitigkeit, verglichen mit dem Durchschnittsmittelwert aller Qualifikationen von 4,2 allerdings am häufigsten. Trainer C und B Leistungssport unterrichten im Mittel seltener Vielseitigkeits-Geländeunterricht (MW 4,3) als Trainer C (MW 4,2) und Trainer B Basissport (MW 4,1).

Alle Qualifikationen lehren die beiden Bereiche Geländeunterricht ohne Springen und Gelassenheit/Bodenarbeit mit Mittelwerten zwischen 3 und 4. Das heißt zwischen „manchmal“ und „selten“. Trainer B Basissport geben in beiden Bereichen mit Mittelwerten von je 3,1 am häufigsten Unterricht. Trainer C Leistung erteilen mit einem Mittelwert von 3,8 sowohl am seltensten Geländeunterricht ohne Springen, als auch mit einem Mittelwert von 3,7 am seltensten Gelassenheit/Bodenarbeit-Unterricht (s. Tab. 4.10).

Tabelle 4.10: Häufigkeit: Gelände (VS), Gelände (ohne Springen), Gelassenheit/Bodenarbeit?
Mittelwerte und Standardabweichungen.
Quelle: Eigene Darstellung.

	MW	SD
Alle Qualifikationen (n=763)		
Gelände (VS)	4,2	1,1
Gelände (ohne Springen)	3,4	1,3
Gelassenheit/Bodenarbeit	3,5	1,2
C Basis (n=268)		
Gelände (VS)	4,2	1,1
Gelände (ohne Springen)	3,4	1,3
Gelassenheit/Bodenarbeit	3,4	1,2
C Leistung (n=171)		
Gelände (VS)	4,3	1,0
Gelände (ohne Springen)	3,8	1,3
Gelassenheit/Bodenarbeit	3,7	1,2
B Basis (n=103)		
Gelände (VS)	4,1	1,2
Gelände (ohne Springen)	3,1	1,3
Gelassenheit/Bodenarbeit	3,1	1,3
B Leistung (n=156)		
Gelände (VS)	4,3	1,0
Gelände (ohne Springen)	3,5	1,2
Gelassenheit/Bodenarbeit	3,6	1,2
A Leistung (n=62)		
Gelände (VS)	3,7	1,2
Gelände (ohne Springen)	3,5	1,1
Gelassenheit/Bodenarbeit	3,6	1,2

Arbeitsbereiche 65 – 67: Heilpädagogisches Reiten, Hippotherapie, Reiten als Sport für Behinderte

Die drei Teilbereiche des therapeutischen Reitens wurden im Bezug auf Unterrichtshäufigkeit ähnlich angekreuzt, wobei heilpädagogisches Reiten mit 15,6 Prozent für „immer" oder „häufig" am häufigsten unterrichtet wird.
4,7 Prozent machten die Angabe, Hippotherapie „immer" oder „häufig" zu lehren, bei Reiten als Sport für Behinderte kreuzten diese beiden Angaben nur 6,7 Prozent der Stichprobe an. Entsprechend waren die Anteile derjenigen, die diese Bereiche „nie" unterrichten, hoch. Hippotherapie wird mit 86,5 Prozent am häufigsten „nie" unterrichtet. Bei Reiten als Sport für Behinderte kreuzten 78,6 Prozent „nie" an, bei heilpädagogischem Reiten 69,7 Prozent (s. Abb. 4.15).

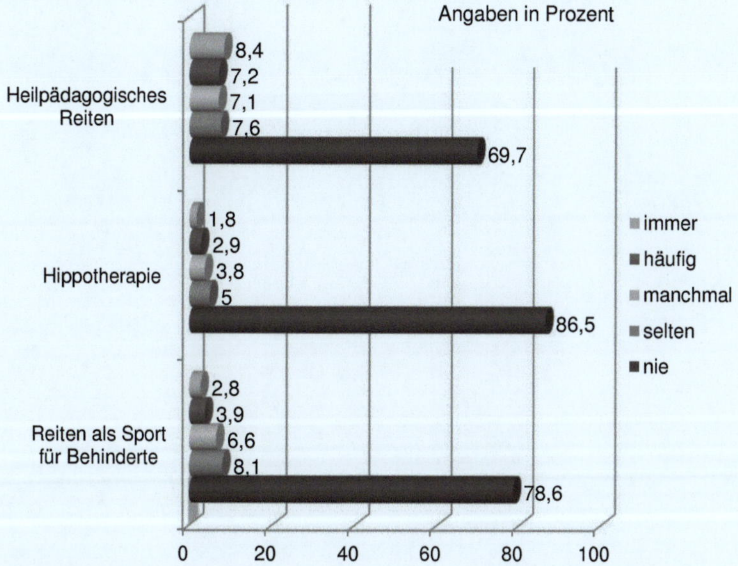

Abbildung 4.15: Häufigkeit: Heilpädagogisches Reiten, Hippotherapie, Reiten als Sport für Behinderte?
Quelle: Eigene Darstellung.

Trainer C Basissport unterrichten im Vergleich zu den anderen Qualifikationen alle drei Bereiche des therapeutischen Reitens am häufigsten. Bei Mittelwerten zwischen 4,0 (heilpädagogisches Reiten), 4,6 (Hippotherapie) und 4,4 (Reiten als Sport für Behinderte) liegt die durchschnittliche Unterrichtshäufigkeit aber trotzdem nur im Bereich zwischen „selten“ und „nie“. Trainer B (Leistung) und Trainer A lehren diese drei Bereiche durchschnittlich am seltensten von allen Qualifikationen. Die Standardabweichung ist bei allen Qualifikationen im Bereich heilpädagogisches Reiten am höchsten (s. Tab. 4.11).

Tabelle 4.11: Häufigkeit: Heilpädagogisches Reiten, Hippotherapie, Reiten als Sport für Behinderte?
Mittelwerte und Standardabweichungen.
Quelle: Eigene Darstellung

	MW	SD
Alle Qualifikationen (n=763)		
Heilpädagogisches Reiten	4,2	1,3
Hippotherapie	4,7	0,8
Reiten als Sport für Behinderte	4,6	1,0
C Basis (n=268)		
Heilpädagogisches Reiten	4,0	1,5
Hippotherapie	4,6	1,0
Reiten als Sport für Behinderte	4,4	1,1
C Leistung (n=171)		
Heilpädagogisches Reiten	4,3	1,2
Hippotherapie	4,7	0,8
Reiten als Sport für Behinderte	4,6	0,9
B Basis (n=103)		
Heilpädagogisches Reiten	4,3	1,2
Hippotherapie	4,7	0,7
Reiten als Sport für Behinderte	4,6	0,8
B Leistung (n=156)		
Heilpädagogisches Reiten	4,4	1,2
Hippotherapie	4,8	0,7
Reiten als Sport für Behinderte	4,7	0,9
A Leistung (n=62)		
Heilpädagogisches Reiten	4,5	1,0
Hippotherapie	4,8	0,6
Reiten als Sport für Behinderte	4,7	0,9

Arbeitsbereiche 68 – 71: Western, Barock, Distanz, Gangpferde

Die Bereiche Western, Barock, Distanz und Gangpferde werden mit Abstand am seltensten unterrichtet. Für diese Bereiche jeweils knapp 90 Prozent der Befragten „nie" an. Im Bereich Distanz erteilen sogar 94,1 Prozent der Trainer „nie" Reitstunden (s. Abb. 4.16).

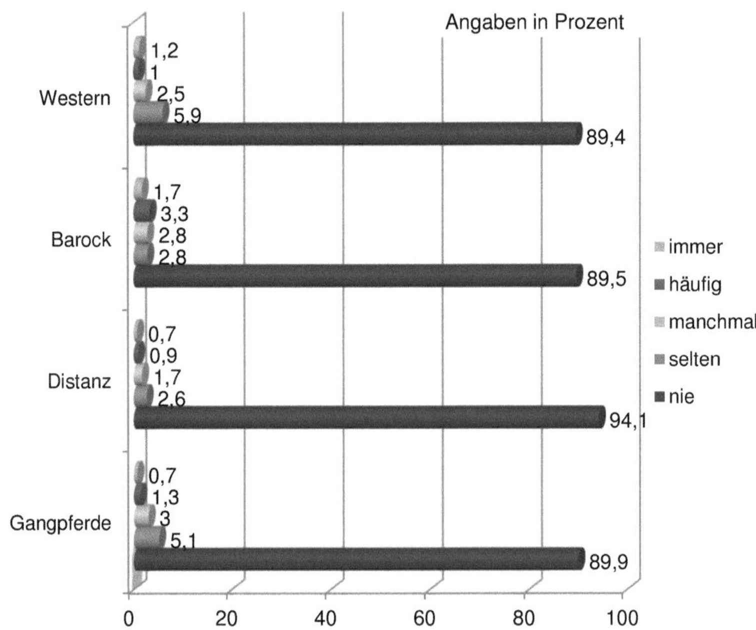

Abbildung 4.16: Häufigkeit: Westen, Barock, Distanz, Gangpferde?
Quelle: Eigene Darstellung.

Im Vergleich zwischen den Qualifikationen unterrichten Trainer C Leistung alle vier Bereiche am seltensten. Die Mittelwerte für diese Bereiche liegen bei Trainern C jeweils bei 4,9. Im Hinblick auf die Standardabweichungen im Bereich zwischen 0,5 und 1,0 herrscht bei den Trainern insgesamt über die Unterrichtshäufigkeit dieser vier Bereiche größere Einigkeit als über die Arbeitsbereiche des therapeutischen Reitens (Tab. 4.15).

Tabelle 4.12: Häufigkeit: Western, Barock, Distanz, Gangpferde
Mittelwerte und Standardabweichungen.
Quelle: Eigene Darstellung.

	MW	SD
Alle Qualifikationen (n=763)		
Western	4,8	0,6
Barock	4,8	0,8
Distanz	4,9	0,5
Gangpferde	4,8	0,6
C Basis (n=268)		
Western	4,8	0,6
Barock	4,8	0,8
Distanz	4,9	0,4
Gangpferde	4,8	0,6
C Leistung (n=171)		
Western	4,9	0,5
Barock	4,9	0,5
Distanz	4,9	0,5
Gangpferde	4,9	0,4
B Basis (n=103)		
Western	4,7	0,9
Barock	4,6	1,0
Distanz	4,9	0,5
Gangpferde	4,8	0,7
B Leistung (n=156)		
Western	4,9	0,5
Barock	4,7	0,9
Distanz	4,9	0,6
Gangpferde	4,7	0,8
A Leistung (n=62)		
Western	4,7	0,9
Barock	4,8	0,7
Distanz	4,8	0,6
Gangpferde	4,8	0,5

Frage 72:

Wenn ein Arbeitsbereich in dem Sie unterrichten nicht oben aufgelistet ist, nennen Sie diesen bitte. Wenn kein Arbeitsbereich fehlt, lassen Sie das Feld bitte frei!

Frage 73:

Wie häufig unterrichten Sie in diesem Arbeitsbereich?
Bitte nur beantworten, wenn Sie in der vorherigen Frage einen Arbeitsbereich ergänzt haben.

- immer
- häufig
- manchmal
- selten

214 Befragte (28%) fügten fehlende Arbeitsbereiche hinzu, die bei den Fragen 53 bis 71 nicht aufgelistet waren. Mehrfachnennungen waren bei dieser Frage möglich und wurden gleichwertig in der Bewertung erfasst.

Eindeutig am häufigsten wurde der Bereich Voltigieren ergänzt. 43 der befragten Trainer (5,8%) sind in diesem Feld tätig. 12 von 43 Personen erteilen „immer" Voltigierunterricht, 25 von 43 Personen „häufig".

Mit deutlichem Abstand folgten die Bereiche Longier- und Theorieunterricht. Beide Bereiche wurden von je 18 Personen (2,4%) genannt. Diese beiden Bereiche werden aber mit jeweils 10 Stimmen eher „manchmal" erteilt. Gesundheitssport und Fahrunterricht ergänzten je 16 Befragte (2,1%). 12 Befragte fügten den Bereich generellen Umgang mit dem Pferd hinzu, 10 weitere das Tätigkeitsfeld Schule und Pädagogik. Jungpferdeausbildung, Sitzschulung und Führen wurden zwischen 6 und 8 Mal genannt (s. Tab. 4.13). Aufgrund der geringen Nennungen der 22 weiteren Bereiche wird auf eine genaue Aufsplittung nach Häufigkeitsangaben verzichtet. Die 22 weiteren Bereiche mit der Anzahl der Nennungen: Pferde-Reiterpsychologie (6), Wanderreiten (6), Korrekturpferdeausbildung (5), Ergo-/Physiotherapie (5), klassische Handarbeit (5), Quadrillen (4), Zirzensik (4), Cavaletti (4), Mounted Games (3), Reha für Behinderte (2), Biomechanik von Reiter und Pferd (2), Jagd (2), Trail (2), Ausgleichssport (2), Kinder/Jugendprojekt (2), Dualtherapie (1), Vierkampf (1), Therapiepferdeausbildung (1), Wald- und Feldarbeit (1), Horseball (1), Berittene Kampfkünste (1).

Tabelle 4.13: Fehlende Arbeitsbereiche.
Angaben in Fällen.
Quelle: Eigene Darstellung.

Sonstiges:	insgesamt.	immer	häufig	manchmal	selten
Voltigieren	43	12	25	6	0
Longierunterricht	18	2	6	10	0
Theorieunterricht	18	3	5	10	0
Gesundheitssport	16	2	6	7	1
Fahren	16	3	5	9	0
Umgang mit Pferden	12	3	4	5	0
Schule/Pädagogik	10	5	3	2	0
Jungpferdeausbildung	8	3	5	0	0
Sitzschulung	7	0	6	1	0
Führen	6	2	4	0	0
22 weitere	60	10	25	23	0

Fragen 74 bis 77:

Auf welchen Pferden reiten Ihre Reitschüler?	regelmäßig	unregelmäßig	nie
Auf Pferden der Schüler (inklusive Reitbeteiligung)	○	○	○
Auf Schulpferden des Vereins/Betriebs	○	○	○
Auf Schulpferden aus meinem eigenen Besitz	○	○	○
Auf dem/den hauptsächlich von mir gerittenen Pferd(en)	○	○	○

Insgesamt erteilen die Trainer am häufigsten auf Pferden der Schüler Reitstunden, wobei darin auch Reitbeteiligungspferde inbegriffen sind. 66,3 Prozent der Befragten kreuzten an, „regelmäßig“ auf Pferden der Schüler (inklusive Reitbeteiligung) zu unterrichten. Etwas über die Hälfte der Befragten (52,6%) gab an „regelmäßig“ auf Schulpferden des Vereins/Betriebs zu lehren. Knapp ein Drittel der Stichprobe (31,3%) unterrichtet „regelmäßig auf Schulpferden aus dem eigenen Besitz und etwas mehr als ein Viertel gibt (25,3%) „regelmäßig“ Reitstunden auf den hauptsächlich von ihnen selbst gerittenen Pferden (s. Abb. 4.17).

Vergleicht man die Trainerqualifikationen untereinander, wird deutlich, dass die Trainer A mit 83,9 Prozent mehr „regelmäßig" auf Pferden der Schüler unterrichten als die Trainer B Qualifikationen (B Leistung 78,8%, B Basis 73,8%) und die Trainer C Leistungssport (73,7%). Die Trainer C Basissport lehren mit 48,1 Prozent „regelmäßig" auf Pferden der Reitschüler, die Trainer C Schulsport gar nicht.
Bei Schulpferden des Vereins/Betriebs kreuzten mit zunehmender Qualifikation weniger Trainer „regelmäßig" an. Trainer C Schulsport und Trainer C Basissport erteilen mit 66,7 bzw. 62,7 Prozent am häufigsten „regelmäßig" auf Schulpferden des Vereins/Betriebs Reitstunden. Trainer B Leistungssport und Trainer A unterrichten noch weniger „regelmäßig" auf Schulpferden des Vereins/Betriebs als Trainer C Leistungssport (49,1%) und Trainer B Basissport (48,5%).
Auf eigenen Schulpferden lehren Trainer C Leistungssport mit 24,6 Prozent am wenigsten „regelmäßig". Trainer B Basissport unterrichten mit 41,7 Prozent am häufigsten „regelmäßig" auf eigenen Schulpferden. Die anderen Qualifikationen liegen im Bereich zwischen 31,3 Prozent und 33,9 Prozent für die Häufigkeitsangabe „regelmäßig".
Die Unterschiede zwischen den Qualifikationen im Bezug auf die Unterrichtshäufigkeit auf hauptsächlich von den Trainern selbst gerittenen Pferden sind nicht nennenswert. Sie entsprechen nahezu der Verteilung der Gesamtstichprobe. Lediglich die Trainer C Schulsport geben „nie" auf hauptsächlich von ihnen selbst gerittenen Pferden Reitstunden.

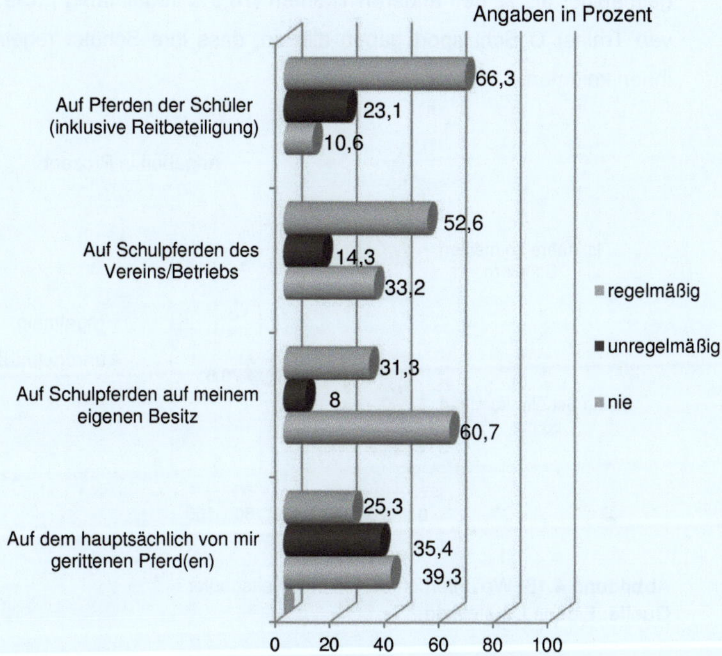

Abbildung 4.17: Auf welchen Pferden reiten Ihre Reitschüler?
Quelle: Eigene Darstellung.

Fragen 78 bis 79:

Wo unterrichten Sie Ihre Reitschüler?	regelmäßig	unregelmäßig	nie
Ich fahre zu meinen Schülern	O	O	O
Meine Schüler kommen zu mir	O	O	O

Die Situation, dass die Schüler zu ihren Trainern kommen, ist häufiger der Fall, als dass Trainer zu ihren Schülern fahren. 83,4 Prozent der aktiven Stichprobe gaben an, dass die Schüler „regelmäßig“ oder „unregelmäßig“ zu ihnen kommen. 68,2 Prozent gaben an, „regelmäßig“ oder „unregelmäßig“ zu ihren Schülern zu fahren. „Ich fahre nie zu meinen Schülern“ gaben mit 31,8 Prozent etwa doppelt so viele Trainer an wie „Meine Schüler kommen nie zu mir“ (s. Abb. 4.18). Im Vergleich zwischen den Qualifikationen fahren die Trainer A etwas regelmäßiger zu ihren Schülern als die anderen (53,2% „regelmäßig“). Zu den Trainern C Basissport kommen die Schüler dagegen regelmäßiger als zu den anderen Trainern (76,9% „regelmäßig"). Die drei aktiven Trainer C Schulsport gaben alle an, dass ihre Schüler regelmäßig zu ihnen kommen.

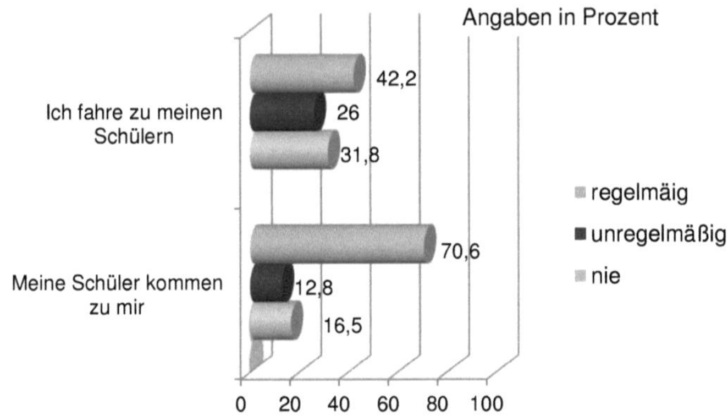

Abbildung 4.18: Wo unterrichten Sie ihre Reitschüler?
Quelle: Eigene Darstellung.

Fragen 80 bis 84:

Wie viele Reitschüler unterrichten Sie in einer Stunde?	immer	häufig	manchmal	selten	nie
Einzelunterricht	○	○	○	○	○
Unterricht zu zweit	○	○	○	○	○
3-4 Schüler in einer Stunde	○	○	○	○	○
5-7 Schüler in einer Stunde	○	○	○	○	○
mehr als 7 Schüler in einer Stunde	○	○	○	○	○

Einzelunterricht ist die am stärksten verbreitete Unterrichtsform. 69,7 Prozent gaben an, „immer" oder „häufig" Einzelunterricht zu erteilen. Nur 2,2 Prozent der Befragten erteilen „nie" Einzelunterricht. Reitstunden mit drei oder vier Schülern pro Stunde unterrichten mit 15,5 Prozent mehr Trainer „immer" als mit zwei Schülern pro Stunde (7,7% „immer"). Je mehr Reitschüler in einer Stunde reiten, desto häufiger kreuzten die Befragten „nie" an. Fünf bis sieben Schüler unterrichten 52,6 Prozent „nie", mehr als sieben Schüler unterrichten 78 Prozent „nie" (s. Abb. 4.19).

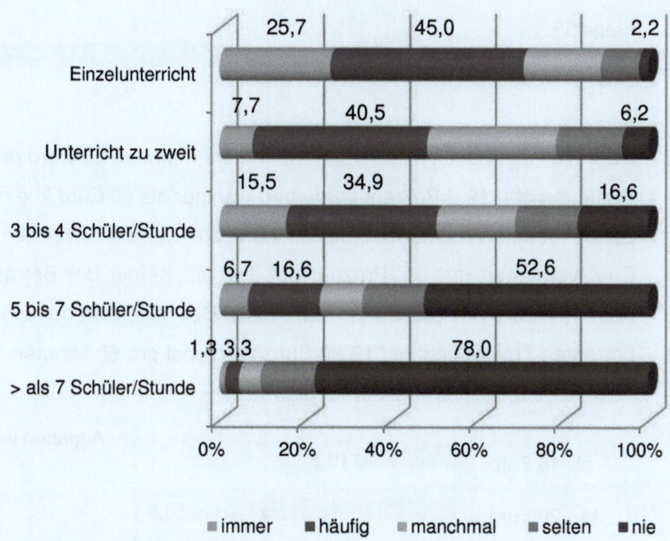

Abbildung 4.19: Wie viele Reitschüler unterrichten Sie in einer Stunde?
Quelle: Eigene Darstellung.

Vergleicht man die Trainerqualifikationen untereinander, bestätigt sich das Bild, dass Reitunterricht von den Befragten eher in kleinen Gruppen erteilt wird. Je weniger Schüler als Antwortmöglichkeit vorgegeben waren, desto geringer sind die Mittelwerte der Häufigkeitsangaben. Das gilt für alle Qualifikationen außer Trainer C Schulsport, von diesen drei Trainern unterrichtet keiner „immer" oder „häufig" einen oder zwei Reitschüler pro Stunde.

Frage 85:

Über die Hälfte der Trainer verdient zwischen elf und 20 Euro pro 60 Minuten Reitunterricht. 19,8 Prozent verdienen weniger als elf Euro in einer Stunde. 20,9 Prozent verdienen 21 bis 30 Euro pro Stunde. Zwischen 31 und 100 Euro verdienen nur 8,7 Prozent der Trainer. Keiner der Befragten verdient über 100 Euro pro Stunde (s. Abb. 4.20). Der Mittelwert der Einnahmen aller befragten Trainer liegt bei 19,80 Euro Verdienst pro 60 Minuten.

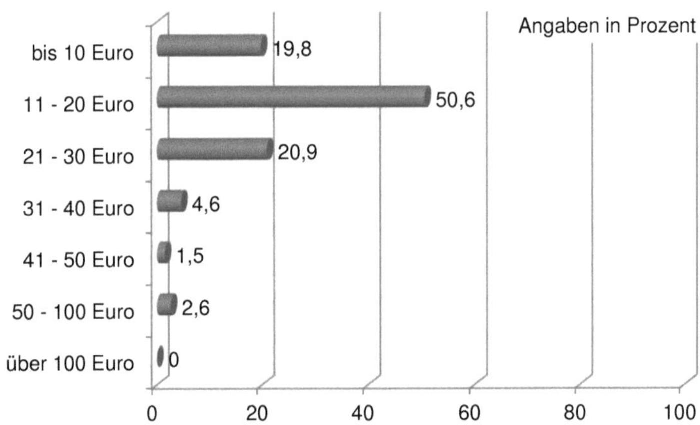

Abbildung 4.20: Wie viel Geld nehmen Sie pro Reitstunde (60 Min.) ein?
Quelle: Eigene Darstellung.

Betrachtet man die durchschnittlichen Verdienste der einzelnen Trainerqualifikationen, ergibt sich ein nach Qualifikation gestaffelter Verdienstanstieg. Die Mittelwerte wurden dabei gerundet auf zwei Dezimalstellen. Trainer A verdienen durchschnittlich 24,10 Euro pro 60 Minuten. Trainer B Leistungssport verdienen 22,30 Euro, Trainer B Basissport 20,70 Euro, Trainer C Leistungssport 19,10 Euro, Trainer C Basissport 17,40 Euro und Trainer C Schulsport 11,30 Euro pro Stunde. 113 der 763 aktiven Trainer (15%) machten bei Frage 85 keine Angabe.

Frage 86:

Wie viele Reitstunden (60 Minuten) unterrichten Sie durchschnittlich pro Woche?

bitte auswählen

Die befragten Trainer geben insgesamt nur wenige Unterrichtseinheiten pro Woche. 93,6 Prozent der Trainer unterrichten durchschnittlich weniger als 20 Stunden pro Woche. 42,2 Prozent unterrichten nur fünf Stunden und weniger in einer durchschnittlichen Woche. Mehr als 40 Stunden unterrichten nur 0,3 Prozent der Befragten (s. Abb. 4.21).

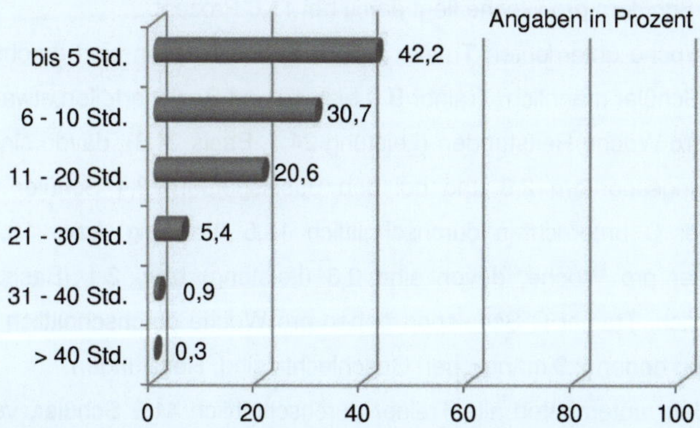

Abbildung 4.21: Wie viele Stunden (60 Min.) unterrichten Sie pro Woche?
Quelle: Eigene Darstellung.

Durchschnittlich erteilen die Befragten 8,8 Reitstunden pro Woche. Vergleicht man die Trainer untereinander, ergibt sich ein nach Qualifikation gestaffeltes Arbeitspensum. Trainer A lehren durchschnittlich 11,1 Stunden pro Woche. Trainer B Leistungssport geben 10,7 Stunden, Trainer B Basissport 10,1 Stunden, Trainer C Leistungssport 7,1 Stunden, Trainer C Basissport 7,6 Stunden und Trainer C Schulsport 5,7 Stunden Reitunterricht pro Woche.

Fragen 87 bis 90:

Wie viele verschiedene Reitschüler unterrichten Sie durchschnittlich in einer Woche?

bitte auswählen

Wie viele von diesen Schülern sind durchschnittlich männlich?

bitte auswählen

Wie viele verschiedene Reitschüler unterrichten Sie durchschnittlich in einem Jahr?

bitte auswählen

Wie viele von diesen Schülern sind durchschnittlich männlich?

bitte auswählen

Alle Befragten unterrichten durchschnittlich 20,5 Schüler pro Woche, davon sind durchschnittlich 2,4 Schüler männlich. Der prozentuale Anteil an männlichen Schülern pro Woche liegt damit bei 11,6 Prozent.

Pro Woche unterrichten Trainer A 23,8 Schüler, davon sind durchschnittlich 2,97 Schüler männlich. Trainer B (Leistung und Basis) erteilen etwa 24 Schülern pro Woche Reitstunden (Leistung 24,1, Basis 24,3), davon sind bei den Leistungssportlern 2,8 und bei den Basissportlern 2,4 Schüler männlich. Trainer C unterrichten durchschnittlich 16,5 (Leistung) bzw. 18,7 (Basis) Schüler pro Woche, davon sind 2,3 (Leistung) bzw. 2,1 (Basis) Schüler männlich. Trainer C Schulsport geben pro Woche durchschnittlich 21 Schüler, von denen 2,3 männlichen Geschlechts sind, Reitstunden.

Pro Jahr unterrichten alle Trainer durchschnittlich 41,9 Schüler, von diesen wiederum sind durchschnittlich 5,8 Schüler männlich. Der prozentuale Anteil an Jungen und Männern pro Jahr liegt demnach bei 13,9 Prozent.

Trainer A erteilen 59,8 Schüler pro Jahr Trainingseinheiten, davon sind durchschnittlich 6,7 Schüler männlich. Trainer B Leistungssport unterrichten 39,6 Schüler pro Jahr, davon sind durchschnittlich 5,7 männlich. Bei Trainer B Basissport ist das Verhältnis 49,9 zu 6,7. Trainer C geben durchschnittlich 34,8 (Leistung) bzw. 39,7 (Basis) Schülern pro Jahr Reitstunden, davon sind 5,3 (Leistung) bzw. 5,5 (Basis) Schüler männlich. Trainer C Schulsport unterrichten pro Jahr durchschnittlich 111,7 Schüler, von denen 24,33 männlichen Geschlechts sind.

Die prozentualen Anteile derjenigen, die überhaupt keinen männlichen Schülern das Reiten lehren, sind hoch. 27,5 Prozent aller Trainer unterrichten pro Woche überhaupt keine Jungen oder Männer, im Jahr sind es immer noch 16,7 Prozent. Sowohl pro Woche (63,3%) als auch pro Jahr (56,2%) ist die üblichste Verteilung, weniger als fünf männliche Schüler zu unterrichten (s. Tab. 4.14).

Tabelle 4.14: Wie viele verschiedene Schüler unterrichten Sie durchschnittlich pro Woche/Jahr? Und: Wie viele davon sind männlich?
Angaben in Prozent.
Quelle: Eigene Darstellung.

	insgesamt pro Woche	männlich pro Woche	insgesamt pro Jahr	männlich pro Jahr
keine männlich	-	27,5	-	16,7
< 5	21,4	63,3	5,9	56,2
6 - 10	25,2	7,2	17	16,1
11 – 20	23,6	1,4	26,2	6,8
21 – 30	10,1	0,1	14,3	2,1
31 – 40	7,5	0,3	7,6	0,5
41 – 50	3,9	0,1	6,9	0,4
51 – 100	7,2		15,4	0,1
101 – 200	1,2		4,3	0,1
201 – 300			2,1	
301 – 400			0,4	
> 400			0	

Fragen 91 bis 95:

In welcher Organisation führen Sie Ihren Unterricht durch?	immer	häufig	manchmal	selten	nie
Betrieb (Inhaber oder Angestellter eines kommerziellen Anbieters)	○	○	○	○	○
Verein (als Trainer für Vereinsmitglieder)	○	○	○	○	○
Lehrkraft an einer Schule (Reiten als Schulsport, Therapeutisches Reiten, Schul-AGs usw.)	○	○	○	○	○
Freie Trainertätigkeit gegen Honorar	○	○	○	○	○
Private Trainertätigkeit (als Freizeitaktivität, unentgeltlich)	○	○	○	○	○

Die insgesamt am stärksten mit „immer“ oder „häufig“ gewählte Organisationsform ist die freie Trainertätigkeit gegen Honorar. Das gaben 46,8 Prozent der Befragten an. An zweiter Stelle folgt die Organisationsform Verein, als Trainer für Vereinsmitglieder, dabei kreuzten 45,1 Prozent „immer“ oder häufig“ an. 34,2 Prozent der Befragten gaben bei der Organisationsform Betrieb (Inhaber oder Angestellter eines kommerziellen Anbieters) „immer“ oder „häufig“ an. Bei private Trainertätigkeit (als Freizeitaktivität, unentgeltlich) gaben nur 18 Prozent „immer“ oder „häufig“ an, Lehrkräfte an einer Schule (Reiten als Schulsport, Therapeutisches Reiten, Schul-AGs usw.) gab es mit 8,7 Prozent noch weniger (s. Abb. 4.22).

Betrachtet man die Qualifikationen im Vergleich, ist erstaunlich, dass die drei aktiven Trainer C Schulsport einheitlich „nie“ bei Lehrkraft an einer Schule (Reiten als Schulsport, Therapeutisches Reiten, Schul-AGs usw.) angekreuzt haben, stattdessen haben die Befragten bei freie Trainertätigkeit gegen Honorar mit „immer“ (2) und „manchmal“ (1) geantwortet, bei privater Trainertätigkeit haben ebenfalls zwei der Befragten „manchmal“ angegeben.

Trainer A geben nur selten Unterricht als private Trainertätigkeit (9,4% „immer“ und „häufig“, 46,9% „nie“), unter ihnen ist die freie Trainertätigkeit gegen Honorar mit Abstand (sowohl zu den anderen Organisationsformen als auch unter den Trainerqualifikationen) die üblichste Organisationsform (62,5% „immer“ oder „häufig“, 15,6% „nie“). Der Verein ist mit 45,4 Prozent Nennungen von „immer“ und „häufig“ bei den Trainern A eine etwas gängigere Organisationsform als der Betrieb (31,3% „immer“ und „häufig“).

Bei den Trainer B Leistungssport ist die Verteilung der Organisationsformen ähnlich wie bei den Trainer A, auch bei ihnen ist die freie Tätigkeit ausgeprägt (39,1% „immer“ oder „häufig“), ebenso wie die Arbeit in einem Verein

(35,2% „immer“ oder „häufig“) etwas mehr vorkommt als in einem Betrieb (33% „immer“ oder „häufig“).

Bei Trainern B Basissport ist die Arbeit in einem Verein mit 42,2 Prozent der Häufigkeitsangaben bei „immer“ oder „häufig“ ebenfalls üblicher als die Organisationsform Betrieb (32,7% „immer“ oder „häufig“). Auch die freie Trainertätigkeit gegen Honorar wurde von 34,5 Prozent mit „immer“ oder „häufig“ angekreuzt. Bei privater Trainertätigkeit gaben 15,5 Prozent „immer“ oder „häufig„ an.

Trainer C Leistungssport machten die Häufigkeitsangaben „immer“ oder „häufig“ bei der Organisationsform Verein mit 39,4 Prozent, für Betrieb mit 23,4 Prozent. Für die freie Trainertätigkeit gegen Honorar wählten 31,6 Prozent „immer“ oder „häufig“. Die Trainer C Leistungssport sind bei der privaten Trainertätigkeit (als Freizeitaktivität, unentgeltlich) mit 18,7 Prozent bei „immer“ oder „häufig“ unter den verschiedenen Qualifikationen am stärksten vertreten.

Bei den Trainern C Basissport ist das Verhältnis zwischen Verein (33% „immer“ oder „häufig“) und Betrieb (26,5% „immer“ oder „häufig“) sehr ähnlich wie bei den Trainern C Leistungssport. Allerdings unterrichten sie mit 10 Prozent bei „immer“ oder „häufig“ insgesamt unter allen Qualifikationen am häufigsten als Lehrkraft an einer Schule (Reiten als Schulsport, Therapeutisches Reiten, Schul-AGs usw.). 33,6 Prozent von ihnen arbeiten „immer“ oder „häufig“ frei gegen Honorar, 13,3 Prozent unterrichten „immer“ oder „häufig“ privat (als Freizeitaktivität, unentgeltlich).

Abbildung 4.22: In welcher Organisation führen Sie den Unterricht durch?
Quelle: Eigene Darstellung.

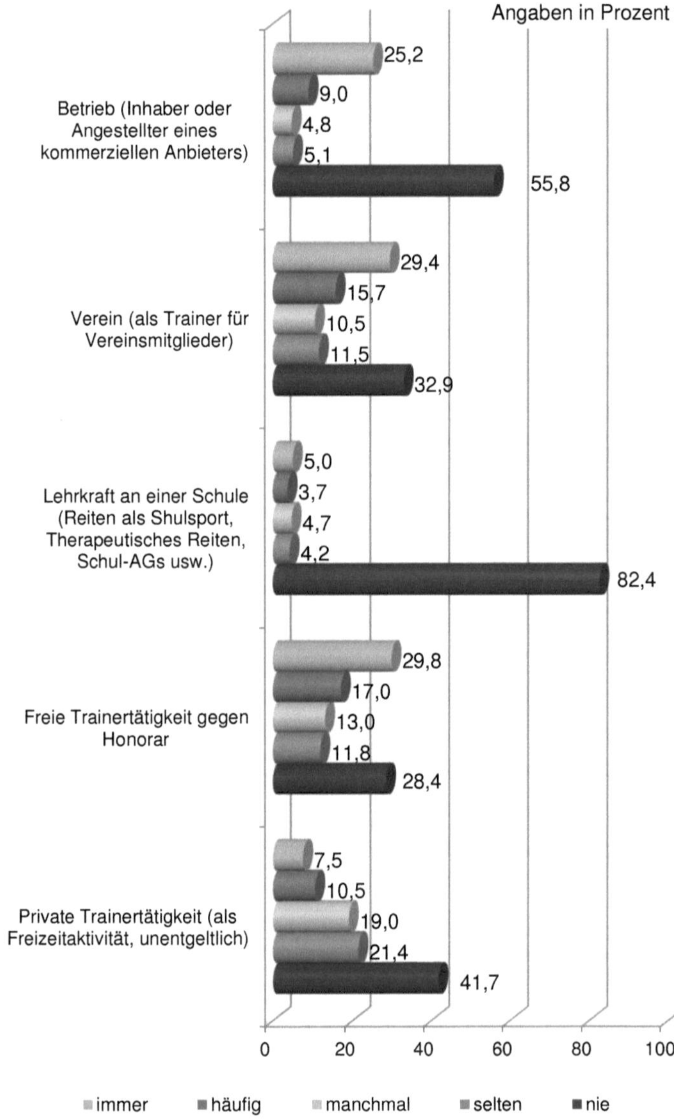

Frage 96:

Haben Sie eine gültige DOSB-Lizenz? (DOSB = Deutscher Olympischer Sportbund)

- ja
- nein

Insgesamt haben von allen Befragten 46,7 Prozent eine gültige DOSB-Lizenz, das entspricht 356 befragten Trainern (s. Abb. 4.23). Vergleicht man die Qualifikationen untereinander, zeigt sich, dass Trainer A (53,2%) und Trainer B Basissport (52,5%) prozentual die meisten Lizenzen besitzen, Trainer B Leistung (46,8%), Trainer C Leistungssport (43,9%) und Trainer C Basissport (44,8%) weniger. Von den drei aktiven Trainern C Schulsport besitzen zwei eine DOSB-Lizenz.

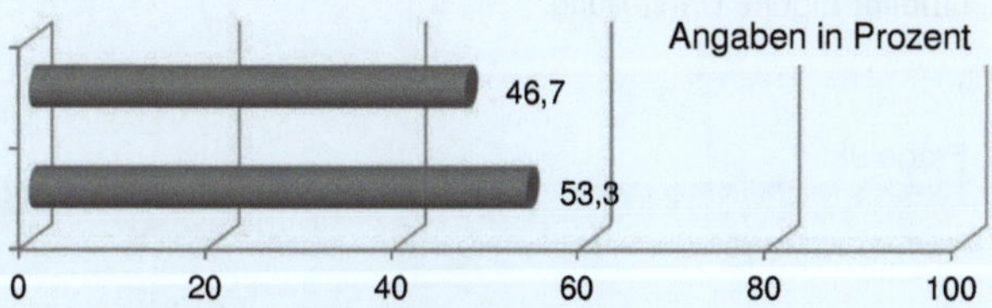

Abbildung 4.23: Haben Sie eine gültige DOSB-Lizenz? (DOSB = Deutscher Olympischer Sportbund).
Quelle: Eigene Darstellung.

Frage 97:

Wenn Sie eine gültige DOSB-Lizenz haben: Seit wann?

bitte auswählen

Die Inhaber einer gültigen DOSB-Lizenz haben ihre Lizenz zu großen Teilen in Jahren von 2001 und 2009 abgeschlossen. 86,5 Prozent haben ihre Lizenz nach dem Jahr 2000 erworben, 11,2 Prozent zwischen 1990 und 2001. Vor 1991 haben nur 2,3 Prozent der befragten Inhaber ihre Lizenz erworben (s. Abb. 4.24).

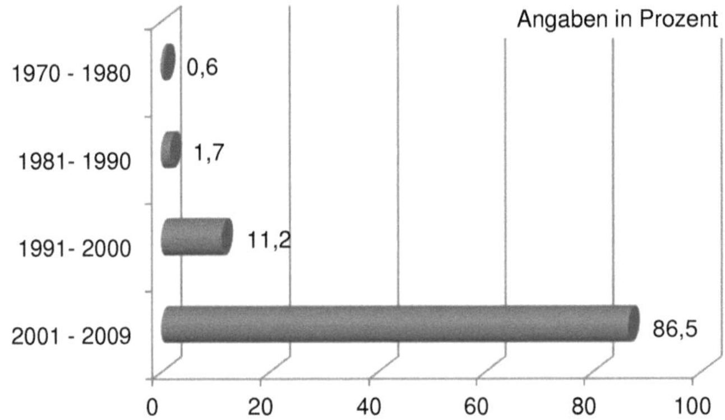

Abbildung 4.24: Wenn Sie eine gültige DOSB-Lizenz haben: Seit wann?
n=356, all diejenigen, die Frage 96 positiv beantworteten.
Quelle: Eigene Darstellung.

Frage 98:

Warum haben Sie keine gültige DOSB-Lizenz?
Feld bitte nur ausfüllen, wenn Sie keine gültige DOSB-Lizenz haben!

31,4 Prozent derjenigen, die keine DOSB-Lizenz haben gaben an, keine Vorteile und keine Notwendigkeit im Besitz einer solchen Lizenz zu sehen. Auch diejenigen, die angaben, generell kein Interesse an der DOSB-Lizenz zu haben, fielen in diese Kategorie. 29,1 Prozent war die DOSB-Lizenz gänzlich unbekannt. 19,8 Prozent nannten keinen speziellen Grund, warum sie keine Lizenz besitzen. Bei 9,6 Prozent lief die Beantragung der Lizenz zum Befragungszeitpunkt. 7,4 Prozent sind im Besitz einer ähnlichen oder gleichwertigen Lizenz, wie zum Beispiel eine DSB-Lizenz oder BLVS-Lizenz. 2,7 Prozent haben keine Zeit, um die für die Fortschreibung notwendigen Veranstaltungen zu besuchen und besitzen deshalb keine Lizenz (s. Abb. 4.25).

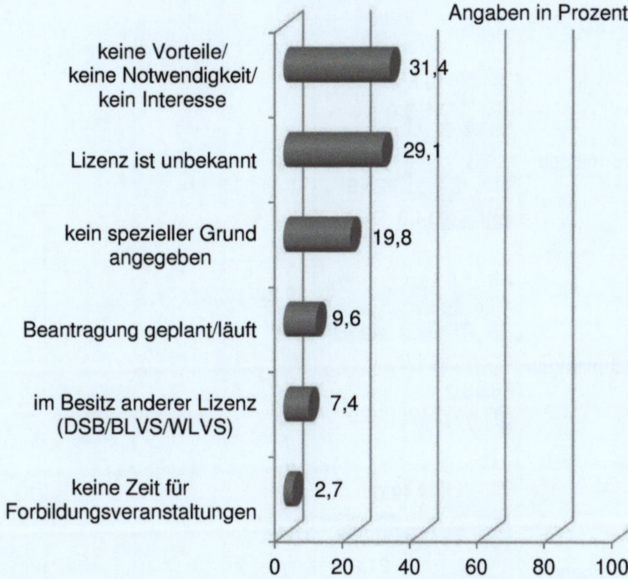

Abbildung 4.25: Warum haben Sie keine gültige DOSB Lizenz? n=407, all diejenigen, die Frage 96 negativ beantworteten.
Quelle: Eigene Darstellung.

Fragen 99 bis 101:

Zu welcher Tageszeit unterrichten Sie?	immer	häufig	manchmal	selten	nie
vormittags	○	○	○	○	○
nachmittags	○	○	○	○	○
abends	○	○	○	○	○

Bei der Wahl der Tageszeit gaben 78,1 Prozent der befragten Trainer an, „immer“ oder „häufig“ nachmittags Stunden zu erteilen. Nur 1,7 Prozent geben „nie“ nachmittags Unterricht. Damit ist der Nachmittag die am meisten zum Unterrichten genutzte Zeit. 56,1 Prozent kreuzten an, „immer“ oder „häufig“ abends zu unterrichten. 8,5 Prozent geben allerdings „nie“ abends Reitstunden. Am wenigsten wird der Vormittag zum Unterrichten genutzt. 32,1 Prozent geben „immer“ oder „häufig“ vormittags Unterricht, 14 Prozent behaupten dagegen „nie“ am Vormittag zu lehren (s. Abb. 4.26).

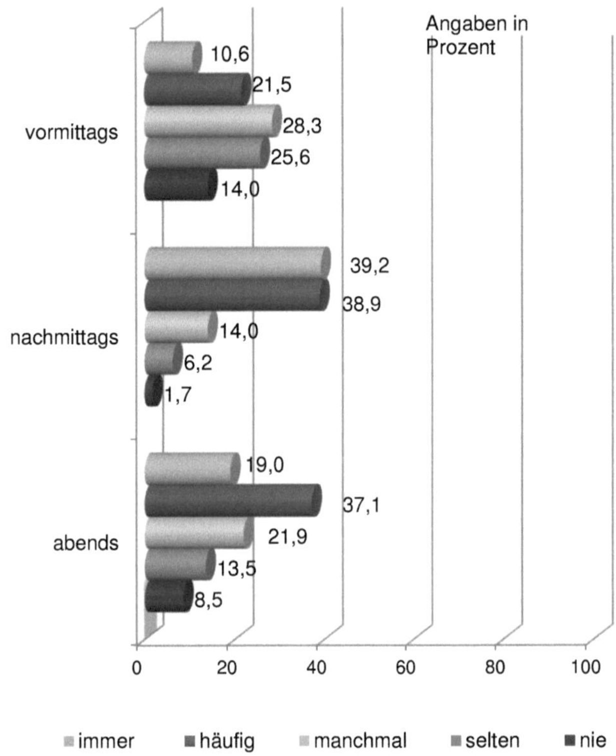

Abbildung 4.26: Zu welcher Tageszeit unterrichten Sie?
Quelle: Eigene Darstellung.

Fragen 102 bis 104:

Wann geben Sie Reitunterricht?	immer	häufig	manchmal	selten	nie
Montag-Freitag	○	○	○	○	○
Samstag-Sonntag	○	○	○	○	○

Die Befragten unterrichten sowohl unter der Woche als auch am Wochenende. Unter der Woche werden jedoch stärker die Häufigkeitsangaben „immer" und „häufig" gewählt. Bei "Montag bis Freitag" kreuzten 87 Prozent die Häufigkeitsangaben „immer" oder „häufig" an, bei "Samstag bis Sonntag" waren es 53,2 Prozent die angaben, „immer" oder „häufig" Unterricht zu erteilen (s. Abb. 4.27). Diese Verteilung gilt sowohl generell für alle Trainerqualifikationen gemeinsam als auch für jede einzelne Leistungsstufe.

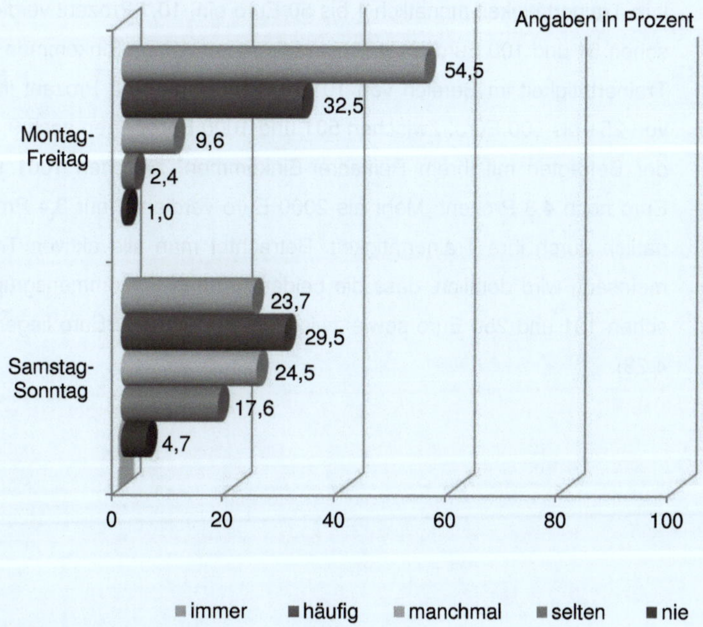

Abbildung 4.27: Wann geben Sie Reitunterricht?
Quelle: Eigene Darstellung.

Frage 210:

Welche Einnahmen erzielen Sie im Monat durchschnittlich mit Ihrer Trainertätigkeit in Euro?

- ○ unentgeldlich
- ○ 0 - 50
- ○ 51 - 100
- ○ 101 - 250
- ○ 251 - 500
- ○ 501 - 1000
- ○ 1000 - 2000
- ○ > 2000
- ○ keine Angabe

Auf die Frage nach den monatlichen Einnahmen durch ihre Trainertätigkeit machten 20,1 Prozent der Befragten keine Angabe. Nur 5,5 Prozent der Befragten unterrichten ihre Schüler unentgeltlich. 7,2 Prozent nehmen durch ihre Trainertätigkeit monatlich 1 bis 50 Euro ein. 10,1 Prozent verdienen zwischen 51 und 100 Euro. 21,4 Prozent liegen mit ihrem Einkommen durch die Trainertätigkeit im Bereich von 101 bis 250 Euro, 18,2 Prozent im Bereich von 251 bis 500 Euro. Zwischen 501 und 1000 Euro liegen noch 9,3 Prozent der Befragten mit ihrem Reitlehrer-Einkommen, zwischen 1001 und 2000 Euro noch 4,8 Prozent. Mehr als 2000 Euro verdienen nur 3,4 Prozent monatlich durch ihre Trainertätigkeit. Betrachtet man alle aktiven Trainer gemeinsam, wird deutlich, dass die beiden größten Einkommensgruppen zwischen 101 und 250 Euro sowie zwischen 251 und 500 Euro liegen (s. Abb. 4.28).

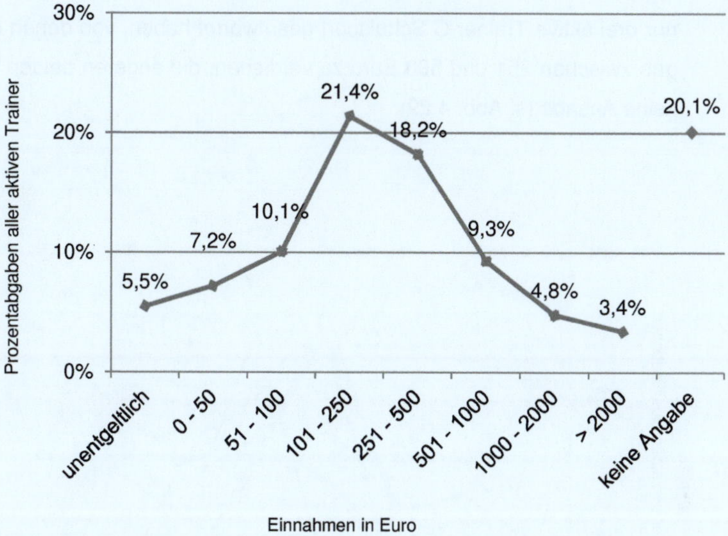

Abbildung 4.28: Gesamt: Durchschn. Einnahmen durch Trainertätigkeit?
Quelle: Eigene Darstellung

Betrachtet man die Einnahmen mit Blick auf die unterschiedlichen Qualifikationen, werden nur leichtere Verschiebungen deutlich. Bei allen Qualifikationen liegt der Peak der monatlichen Einnahmen zwischen 101 und 500 Euro (s. Abb. 4.28). Trainer C Basissport (24,6%), Trainer C Leistung (26,3%) und Trainer B Basissport (24,3%) haben ihren Verteilungsschwerpunkt durchschnittlich im Bereich von 101 bis 250 Euro. Der Verteilungsschwerpunkt der Trainer B Leistungssport (16,7%) und Trainer A (24,2%) liegt durchschnittlich etwas höher im Bereich von 251 bis 500 Euro. 54,8 Prozent der Trainer A gaben an, mehr als 251 Euro im Monat zu verdienen, zusätzlich haben im Vergleich mit den anderen Qualifikationen unter den Trainern A mit über 30 Prozent die meisten Befragten keine Angabe zu dieser Frage gemacht . Mehr als 251 Euro zu verdienen, gaben von den Trainern B Leistungssport 43,6 Prozent an, von den Trainern B Basissport 33 Prozent. Unter den Trainern C Leistungssport waren es 26,9 Prozent, die angaben, mehr als 251 Euro monatlich zu verdienen, bei den Trainern B Basissport waren es 33,6

Prozent. Trainer C Schulsport fallen aus dieser Betrachtung heraus, da es nur drei aktive Trainer C Schulsport geantwortet haben, von denen einer angab zwischen 251 und 500 Euro zu verdienen, die anderen beiden machten keine Angabe (s. Abb. 4.29).

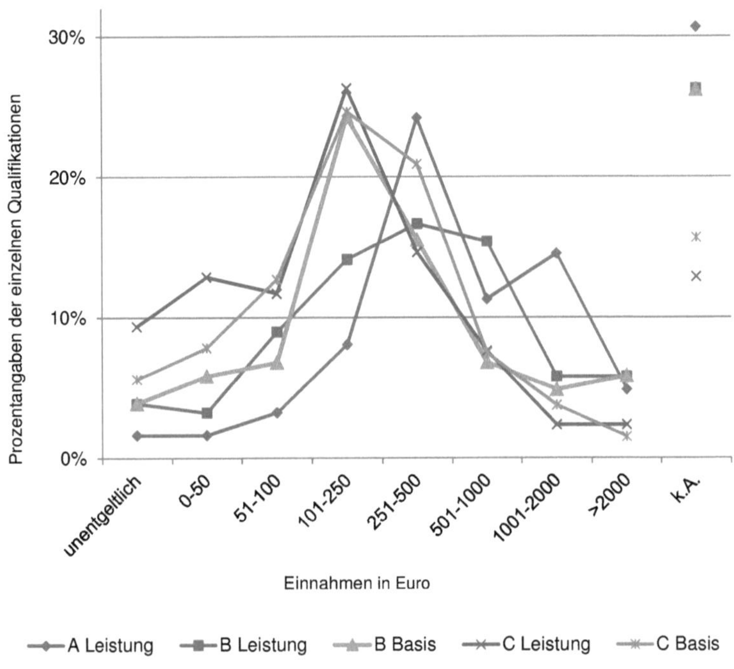

Abbildung 4.29: Einzeln: Durchschn. Einnahmen durch Trainertätigkeit?
Quelle: Eigene Darstellung.

4.3 Selbstverständnis und Eigenwahrnehmung der Trainer

Frage 40:

Warum haben Sie die Trainerausbildung gemacht?
Fassen Sie das bitte in einem Satz zusammen!

Bei den Fragen 40 und 41 handelte es sich um offene Fragen. Die Antwortkategorien wurden aufgrund der individuellen Antworten der Stichprobe gebildet. Im Fall von Mehrfachnennungen dieser gebildeten Kategorien, wurde dem erstgenannten Argument die größere Bedeutung beigemessen und die Antwort in diese Kategorie eingeordnet.

Das meistgenannte Argument der Stichprobe als Begründung für ihre Ausbildung war die Aussage, „korrekt Ausbildung weitergeben" zu wollen. 17,2 Prozent der Trainer nannten dieses Argument. Für 15,7 Prozent der Stichprobe stand der „Wunsch nach formaler Qualifikation und/oder Versicherungsschutz" im Vordergrund. Für 13,9 Prozent der Stichprobe waren „berufliche Gründe" das Motiv. 12,8 Prozent der Befragten benötigten die Trainerausbildung als „Voraussetzung für weitere Qualifikationen", wie zum Beispiel die Ausbildung für therapeutisches Reiten oder die Richterlaufbahn. Für 12,3 Prozent der Trainer waren „eigene Weiterbildung und der Erkenntniszuwachs" entscheidende Argumente, die Trainerausbildung abzulegen. Die Antworten von 7,6 Prozent der Befragten fielen unter die Kategorie „Lebenstraum/Spaß/Freude am Unterrichten". Einige der befragten Reitlehrer argumentierten in dieser Kategorie mit dem Begriff „Berufung". Für 7,2 Prozent der Stichprobe standen „organisatorische Gründe" im Vordergrund bei der Entscheidung zur Trainerausbildung. 5,7 Prozent der Befragten war es wichtig „eigene Erfahrungen weiterzugeben". 4,2 Prozent sahen die Trainerausbildung als „eigene Herausforderung". Dabei gaben die Befragten entweder an, sich selbst etwas zu beweisen zu wollen oder aber, das eigene Können überprüfen zu wollen. „Nachwuchs fördern" war für 3,2 Prozent der Stichprobe das Hauptargument für das Absolvieren der Trainerausbildung (s. Tab. 4.15).

Tabelle 4.15: Warum haben Sie die Trainerausbildung gemacht?
Quelle: Eigene Darstellung.

Begründungskategorien	Prozent	Fälle
korrekt Ausbildung weitergeben wollen	17,2	161
Wunsch nach formaler Qualifikation/Versicherungsschutz	15,7	147
berufliche Gründe	13,9	130
Voraussetzung für weitere Qualifikationen	12,8	120
eigene Weiterbildung/Erkenntniszuwachs	12,3	115
Lebenstraum/Spaß/Freude am Unterrichten	7,6	71
organisatorische Gründe	7,4	69
eigene Erfahrung weitergeben	5,7	53
eigene Herausforderung	4,2	39
Nachwuchs fördern	3,2	30

Frage 41:

Beschreiben Sie warum Sie derzeit als Trainer aktiv bzw. nicht aktiv sind!
Fassen Sie das bitte in einem Satz zusammen!

Auf die Frage warum die Trainer derzeit aktiv bzw. nicht aktiv waren, begründeten 171 ihre Inaktivität, 763 Trainer ihre Aktivität (s. Kap. 4.1, Fr. 1). Die 171 nicht aktiven Trainer nannten durchweg berufliche, private oder gesundheitliche Gründe für ihre Inaktivität, die in der vorliegenden Arbeit keine weitere Berücksichtigung finden. Die aktiven Trainer dagegen nannten ein breites Spektrum an Begründungen für ihre Aktivität. Wie in Frage 40 wurden die Antworten zur Auswertung in Kategorien zusammen gefasst. Wobei bei Mehrfachnennungen das erstgenannte Argument in die Auswertung einfloss.

Mehr als ein Viertel der Befragten nannten als Hauptargument den „Spaß an der Vermittlung“ (26,6%). In diese Kategorie fällt sowohl die Freude daran, das eigene Wissen und die eigenen Erfahrungen weiterzugeben als auch die Freude daran, überhaupt in der Vermittlerposition zu stehen.

Für ein knappes Fünftel der Stichprobe steht dagegen das „Geldverdienen“ im Vordergrund ihrer Trainertätigkeit (18,3%). Unter dieser Kategorie der finanziellen Aspekte werden sowohl Begründungen wie den gesamten Lebensunterhalt verdienen als auch ein angenehmen Nebenverdienst zu haben oder das Studium finanzieren zu können zusammengefasst.

9,4 Prozent fühlen sich verpflichtet, an ihre Schüler „korrekte Ausbildung weiterzugeben“ und im Sinne der Pferde zu handeln. 7,3 Prozent der Stichprobe nannten als Grund lediglich das „Bedienen der bestehenden Nachfrage“ nach Reitunterricht. 7,1 Prozent der Stichprobe hat einen „eigenen Betrieb“ ist dort als Trainer verpflichtet. Für 6 Prozent standen zum Befragungszeitpunkt die „Förderung von Nachwuchs“ und die Ausbildung an der Basis im Vordergrund. 4,4 Prozent der Befragten begründeten ihre Tätigkeit damit, die „Vereinsarbeit zu unterstützen“. 1,4 Prozent der Trainer gaben an, ihre Tätigkeit aus „Verbundenheit zu ihren Schülern“ auszuführen. Weitere 1,2 Prozent begründeten ihre Tätigkeit damit, dass sie „Talente im Reitsport fördern“ wollen (s. Tab. 4.16).

Tabelle 4.16: Warum sind Sie als Trainer aktiv?
Quelle: Eigene Darstellung.

Begründungskategorie	Prozent	Fälle
Spaß/Freude an Vermittlung	26,6	249
Geld verdienen	18,3	171
korrekte Ausbildung weitergeben	9,4	88
Nachfrage bedienen	7,3	68
eigener Betrieb	7,1	66
Basis/Nachwuchs fördern	6,0	56
Vereinsarbeit unterstützen	4,4	41
Verbundenheit mit den Schülern	1,4	13
Talente fördern	1,2	11

Fragen 194 bis 201:

Wie nehmen Sie sich selbst als Trainer wahr?	trifft voll zu	trifft eher zu	teils/teils	trifft eher nicht zu	trifft gar nicht zu
Berater	○	○	○	○	○
Motivator	○	○	○	○	○
Lehrer	○	○	○	○	○
Respektsperson	○	○	○	○	○
Vertrauter	○	○	○	○	○
Freund	○	○	○	○	○
Manager	○	○	○	○	○
Vorbild	○	○	○	○	○

Fragen 202 bis 209:

Was glauben Sie wie Sie von Ihren Schülern wahrgenommen werden?	trifft voll zu	trifft eher zu	teils/teils	trifft eher nicht zu	trifft gar nicht zu
Berater	○	○	○	○	○
Motivator	○	○	○	○	○
Lehrer	○	○	○	○	○
Respektsperson	○	○	○	○	○
Vertrauter	○	○	○	○	○
Freund	○	○	○	○	○
Manager	○	○	○	○	○
Vorbild	○	○	○	○	○

Die Eigen- und Fremdwahrnehmung der Trainer wurde durch die Begriffe Berater, Motivator, Lehrer, Respektsperson, Vertrauter, Freund, Manager und Vorbild abgefragt. Die Auswertung erfolgte durch Zuordnung von Werten zu den fünf vorgegebenen Antwortmöglichkeiten. Dabei entsprach „trifft voll zu" dem Wert 1, „trifft eher zu" dem Wert 2, „teils/teils" dem Wert 3, „trifft eher nicht zu" dem Wert 4 und „trifft gar nicht zu" dem Wert 5. Die Einschätzungen aller Befragten wurden in Mittelwerten zusammengefasst (s. Tab. 4.17).

Eigenwahrnehmung: Die befragten Trainer nehmen sich am ehesten als „Motivator" wahr. Der Mittelwert von 1,61 ist von allen Werten am niedrigsten und damit liegt im Bereich zwischen „trifft voll zu" und „trifft eher zu". Den Begriffen „Berater", „Vorbild" und „Lehrer" wurde ebenfalls große Zustimmung zugesprochen, die Mittelwerten liegen zwischen 1,73 und 1,76. Der Begriff „Vertrauter" liegt mit einem Mittelwert von 2,04 fast genau bei „trifft eher zu". „Respektsperson" und „Freund" liegen mit Mittelwerten von 2,34 und 2,49 zwischen „trifft eher zu" und „teils/teils". Am wenigsten nehmen sich die Befragten sich selbst als „Manager" wahr (MW 3,56). Es ist der einzige Begriff der bei der Eigenwahrnehmung abgelehnt wird und liegt im Bereich zwischen „teil/teils" und „trifft eher nicht zu" (s. Tab. 4.17).

Vermutete Fremdwahrnehmung: Die befragten Trainer vermuten, von ihren Schülern am ehesten als „Lehrer" wahrgenommen zu werden (MW 1,64). Wie bei der Eigenwahrnehmung finden die Begriffe „Vorbild", „Berater" und „Motivator" auch bei der vermuteten Fremdwahrnehmung Zustimmung (MW zw. 1,80 und 1,86). Die Begriffe „Respektsperson" und „Vertrauter" liegen mit Mittelwerten von 2,06 und 2,18 nah an der Einschätzung „trifft eher zu". Etwas weniger vermuten die Befragten, von ihren Schülern als „Freund" wahrgenommen zu werden (MW 2,47). Als „Manager" dagegen glauben sie von ihren Schülern nicht wahrgenommen zu werden (MW 3,64). Die Einigkeit der Befragten in ihrem Antwortverhalten lässt sich anhand der Standardabweichungen erkennen. Die beiden Begriffe „Lehrer" und „Motivator" fanden bei den befragten Trainern sowohl bei der Eigenwahrnehmung als auch bei der vermuteten Fremdwahrnehmung recht einheitlich Zustimmung (SD zw. 0,76 und 0,81). Bei dem Begriff „Manager", der sowohl bei der Eigenwahrnehmung als auch bei der vermuteten Fremdwahrnehmung die geringste Zustimmung fand, war die Streuung der Antworten innerhalb der Stichprobe deutlich größer (SD 1,20 und 1,28) (s. Tab. 4.17).

Tabelle 4.17: Eigenwahrnehmung und vermutete Fremdwahrnehmung.
(1 = trifft voll zu, 5 = trifft gar nicht zu). Mittelwerte und Standardabweichungen.
Quelle: Eigene Darstellung.

	Eigenwahrnehmung		Vermutete Fremdwahrnehmung	
	MW	SD	MW	SD
Berater	1,73	0,84	1,85	0,87
Motivator	1,61	0,76	1,86	0,83
Lehrer	1,76	0,83	1,64	0,81
Respektsperson	2,34	0,99	2,06	0,91
Vertrauter	2,04	0,89	2,18	0,90
Freund	2,49	0,99	2,47	0,98
Manager	3,56	1,20	3,64	1,28
Vorbild	1,74	0,82	1,80	0,81

Die Einschätzungen zur vermuteten Fremdwahrnehmung liegt bei allen Begriffen sehr nahe an der Eigenwahrnehmung. Bei den drei Begriffen „Lehrer", „Respektsperson" und „Freund" liegen die Mittelwerte der Eigenwahrnehmung höher als die der vermuteten Fremdwahrnehmung (s. Abb. 4.30).

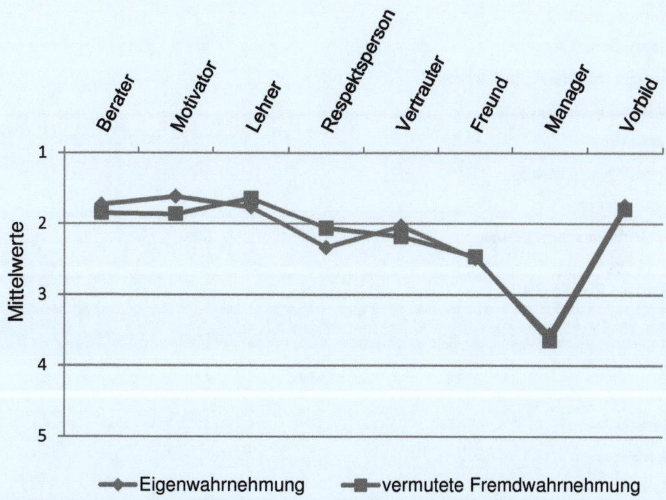

Abbildung 4.30: Eigenwahrnehmung und vermutete Fremdwahrnehmung (1=trifft voll zu, 5=trifft gar nicht zu). Angaben in Mittelwerten.
Quelle: Eigene Darstellung.

4.4 Bewertungen der Inhalte der Trainerausbildung

Fragen 16 bis 27:

Für wie wichtig halten Sie die folgenden Inhalte der Trainerausbildung grundsätzlich?	sehr wichtig	eher wichtig	teils/teils	eher unwichtig	sehr unwichtig
Unterrichtserteilung	○	○	○	○	○
Praktisches Reiten	○	○	○	○	○
Reitlehre	○	○	○	○	○
Sportpädagogik	○	○	○	○	○
Sportpsychologie	○	○	○	○	○
Trainingslehre	○	○	○	○	○
Methodik und Didaktik des Unterrichts	○	○	○	○	○
Organisation des Reitsports	○	○	○	○	○
Tierschutz	○	○	○	○	○
Pferdehaltung/-fütterung	○	○	○	○	○
Veterinärkunde	○	○	○	○	○
Sicherheit/Versicherungsfragen	○	○	○	○	○

Fragen 28 bis 39:

Wie zufrieden waren Sie mit der Vermittlung dieser Bereiche während Ihrer eigenen Trainerausbildung?	sehr zufrieden	eher zufrieden	teils/teils	eher unzufrieden	sehr unzufrieden
Unterrichtserteilung	○	○	○	○	○
Praktisches Reiten	○	○	○	○	○
Reitlehre	○	○	○	○	○
Sportpädagogik	○	○	○	○	○
Sportpsychologie	○	○	○	○	○
Trainingslehre	○	○	○	○	○
Methodik und Didaktik des Unterrichts	○	○	○	○	○
Organisation des Reitsports	○	○	○	○	○
Tierschutz	○	○	○	○	○
Pferdehaltung/-fütterung	○	○	○	○	○
Veterinärkunde	○	○	○	○	○
Sicherheit/Versicherungsfragen	○	○	○	○	○

Die Befragten sollten bei den Fragen 16 bis 39 ihre Einschätzungen über die Ausbildungsinhalte der Trainerausbildung abgeben. Der Vergleich von Wichtigkeit und Zufriedenheit kann Informationen liefern, mit denen Empfehlungen für den Verbesserung der Trainerausbildung ausgesprochen werden können. Die Auswertung erfolgte durch Zuordnung von Werten zu den fünf vorgegebenen Antwortmöglichkeiten. Dabei entsprach bei den Fragen 16 bis 27 „sehr wichtig“ dem Wert 1, „eher wichtig“ dem Wert 2, „teils/teils“ dem Wert 3, „eher unwichtig“ dem Wert 4 und „sehr unwichtig“ dem Wert 5. Bei den Fragen 28 bis 36 entsprach „sehr zufrieden“ dem Wert 1, „eher zufrieden“ dem Wert 2, „teils/teils“ dem Wert 3, „eher unzufrieden“ dem Wert 4 und „sehr unzufrieden“ dem Wert 5. Die Einschätzungen aller Befragten wurden in Mittelwerten zusammengefasst. Das heißt, je niedriger der Mittelwert, desto höher ist die Wichtigkeit bzw. Zufriedenheit der Stichprobe. Die Standardabweichung gibt Auskunft, wie weit die Meinungen über einen Ausbildungsinhalt im Allgemeinen und dessen Vermittlung im Speziellen auseinander liegen. Eine niedrige Standardabweichung besagt, dass die Meinungen aller Befragten statistisch gesehen nah beieinander liegen. Je höher die Standardabweichung ist, desto weiter legen die Einschätzungen der auseinander.

Bei der Betrachtung von Wichtigkeit und Zufriedenheit mit den Inhalten der Trainerausbildung fällt auf, dass die Wichtigkeit insgesamt höher liegt als die Zufriedenheit mit der Vermittlung dieser Inhalte. Bei elf von zwölf Inhaltsbereichen liegt der Mittelwert der Wertigkeitseinschätzung zwischen eins („sehr wichtig“) und zwei („eher wichtig“). Organisation des Reitsports ist der einzige Themenkomplex, mit einem Mittelwert über 2 (2,74). Damit ist dies der einzige Bereich, bei dem die Wichtigkeit unter der Zufriedenheit liegt. (s. Abb. 4.5) Bei den anderen elf Ausbildungsinhalten liegen die Zufriedenheits-Mittelwerte (zw. 1,91 und 2,77) klar über den jeweiligen Wichtigkeits-Mittelwerten. Die drei Bereiche, die der Stichprobe am wichtigsten waren, sind Unterrichtserteilung (MW 1,07), Reitlehre (MW 1,22) sowie Tierschutz (MW 1,44). Auffällig dabei ist die große Einigkeit innerhalb der Stichprobe über den Punkt Unterrichtserteilung. Die Standardabweichung beträgt nur 0,28. Aber auch Reitlehre hat mit 0,49 eine vergleichsweise geringe Standardabweichung.

Die drei Bereiche, die der Stichprobe am wenigsten wichtig waren, sind Organisation des Reitsports (MW 2,74), Sportpsychologie (MW 1,81) sowie Veterinärkunde (MW 1,74). Bei diesen drei Werten ist zu berücksichtigen, dass die Mittelwerte dieser Bewertungen immer noch im Bereich zwischen *sehr wichtig* und *eher wichtig*, bzw. *eher wichtig* und *teils/teils* liegt. Allerding liegen die Standardabweichungen im Bereich zwischen 0,80 und 0,96 und damit höher als bei den drei Ausbildungsinhalten, die der Stichprobe besonders wichtig waren.

Die drei Inhalte, mit denen die befragten Trainer am zufriedensten waren, sind Reitlehre (MW 1,91), Pferdehaltung/-Fütterung (MW 2,22) sowie Veterinärkunde (MW 2,23). Die Standardabweichungen dieser drei Inhalte liegen zwischen 0,93 und 1,05. Die Antworten der Stichprobe streuen im Bezug auf Zufriedenheit mehr als im Bezug auf Wichtigkeit. Die Inhalte, mit denen die befragten Trainer am wenigsten zufrieden waren, sind Sportpsychologie (MW 2,77), Methodik und Didaktik des Unterrichts (MW 2,65) sowie Sicherheit/Versicherungsfragen (MW 2,63). Mit Standardabweichungen zwischen 1,10 und 1,14 ist die Einigkeit unter den Trainern über die Einschätzung dieser Punkte allerdings geringer (s. Tab. 4.18).

Tabelle 4.18: Wichtigkeit und Zufriedenheit mit Inhalten der Ausbildung.
(1 = sehr wichtig bzw. sehr zufrieden, 5 = sehr unwichtig bzw. sehr unzufrieden).
Mittelwerte und Standardabweichungen der Stichprobe.
Quelle: Eigene Darstellung.

	Wichtigkeit		**Zufriedenheit**	
	MW	SD	MW	SD
Unterrichtserteilung	1,07	0,28	2,28	1,14
Praktisches Reiten	1,72	0,78	2,35	1,15
Reitlehre	1,22	0,49	1,91	0,93
Pädagogik	1,68	0,77	2,46	1,08
Psychologie	1,81	0,86	2,77	1,14
Trainingslehre	1,68	0,75	2,53	1,07
Methodik Didaktik	1,57	0,74	2,65	1,12
Organisation	2,74	0,96	2,38	0,93
Tierschutz	1,44	0,68	2,41	1,03
Haltung/Fütterung	1,69	0,81	2,22	1,02
Veterinärkunde	1,74	0,80	2,23	1,05
Sicherheit/Versicherung	1,61	0,73	2,63	1,10

Im optimalen Falle liegen die Bewertungen von Wichtigkeit und Zufriedenheit eines Inhaltes möglichst nah beieinander. Die niedrigste Differenz der Mittelwerte hat die Organisation des Reitsports, trotz der Tatsache, dass die Zufriedenheit höher ist als die Wichtigkeit. Aber auch Veterinärkunde und Pferdehaltung/-Fütterung haben eine geringe Differenz zwischen den beiden Bewertungen. Eine große Differenz der Bewertung von Wichtigkeit und Zufriedenheit ist negativ, da die Erwartungen und Ansprüche der Trainer an die Vermittlung eines bestimmten Themenbereiches nicht erfüllt werden können. Die größten Differenzen bei der Bewertung eines Themenbereiches gab es bei Unterrichtserteilung, Methodik und Didaktik des Unterrichts sowie Sicherheit/Versicherungsfragen (s. Abb. 4.31).

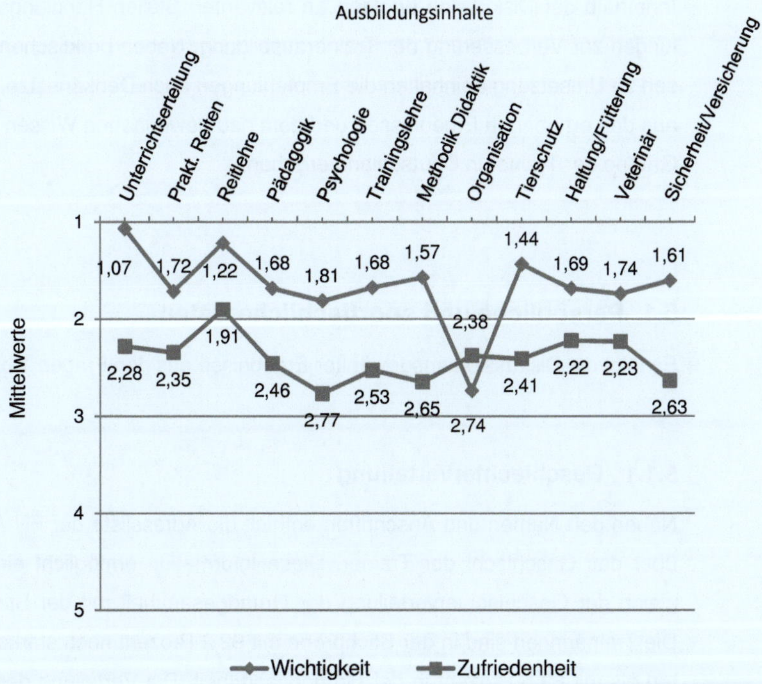

Abbildung 4.31: Wichtigkeit und Zufriedenheit mit Inhalten der Ausbildung (1 = sehr wichtig bzw. sehr zufrieden, 5 = sehr unwichtig bzw. sehr unzufrieden).
Quelle: Eigene Darstellung.

5 Diskussionsteil

Der Diskussionsteil entspricht in seiner Gliederung dem Ergebnisteil: Der Diskussion der persönlichen und sportfachlichen Daten folgt die Besprechung der Arbeitsbereiche und Arbeitssituation. Im dritten Abschnitt wird das Selbstverständnis und die Motivation sowie die Eigenwahrnehmung der Trainer ausführlich betrachtet. Im vierten und letzten Teil erfolgt die Diskussion der Bewertung der Inhalte der Trainerausbildung.

Innerhalb der Diskussion erfolgen an relevanten Stellen Handlungsempfehlungen zur Verbesserung der Trainerausbildung. Neben praktischen Hinweisen zu Umsetzung beinhalten die Empfehlungen auch Denkansätze, die sich aus den erhobenen Ergebnissen und dem neu gewonnenen Wissen über die Gruppe der Trainer in Deutschland ergeben.

5.1 Persönliche und sportfachliche Daten

Es folgt die Diskussion ausgewählter Ergebnisse aus den Fragen 1 bis 15.

5.1.1 Geschlechterverteilung

Neben den Namen und Anschriften enthielt die Adressliste der FN Angaben über das Geschlecht der Trainer. Diese Information ermöglicht einen Vergleich der Geschlechterverteilung der Grundgesamtheit mit der Stichprobe. Die Trainerinnen sind in der Stichprobe mit 92,2 Prozent noch stärker vertreten als mit 89,5 Prozent in der Grundgesamtheit. Die Verteilung der männlichen und weiblichen Personen unter den Reitlehrern spiegelt damit das Bild der Geschlechterverteilung im Reitsport in zugespitzter Form wieder (s. Abb. 5.1 & 5.2). Von den 748.839 Mitgliedern im Reitsport, die 2009 durch den DOSB erhoben wurden, sind 556.485 Frauen und 192.354 Männer (Deutscher Olympischer Sportbund 2010, S. 7). Das ergibt ein Verhältnis von ¾ Frauen zu ¼ Männern. Die Situation, dass grundsätzlich mehr Frauen als Männer den Reitsport betreiben, ist eine relativ neue Entwicklung.

Abbildung 5.1: Geschlechterverteilung in der Grundgesamtheit
Quelle: Eigene Darstellung.

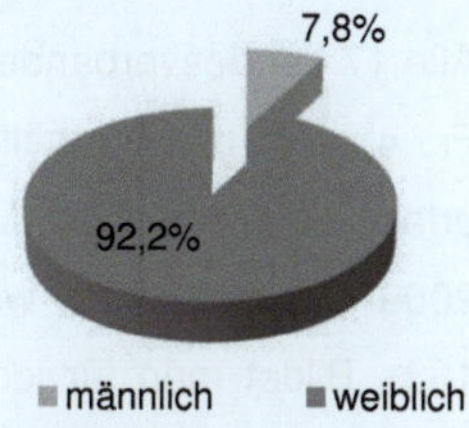

Abbildung 5.2: Geschlechterverteilung in der Stichprobe
Quelle: Eigene Darstellung.

Im Rückblick war die Beziehung zwischen Mensch und Pferd eine Mann-Pferd Beziehung. Das Verhältnis war geprägt durch ökonomische und militärische Gesichtspunkte: Als Arbeitstier und Fortbewegungsmittel war es "sein Futter wert" und brachte mehr ein als es kostete (Adolph & Euler 1994, S. 9). Mit Einzug des technischen Zeitalters verlor das Pferd an Bedeutung und wurde durch Maschinen abgelöst (Adolph & Euler 1994, S. 13). Die Beziehung zwischen Mann und Pferd war nicht bindungsbezogen, sondern das Pferd ermöglichte, wie heute Mountainbikes, Mofas oder Autos, überlegene Fortbewegung. Das technische Zeitalter machte Pferde für Männer überflüssig. An diesem Wendepunkt vom Arbeits- zum Freizeittier entdeckten Mädchen Pferde als Bindungsfiguren (Adolph & Euler 1994, S. 89).

Die heutige zahlenmäßige Differenz zwischen männlichen und weiblichen Reitern ist unter den Trainerinnen und Trainern noch verschärft. Noch größer ist die Differenz zwischen den Trainerinnen und Trainern, die an der Befragung teilgenommen haben. Diese Staffelung kann ebenso an einem stärkeren Weiterbildungsbedürfnis von Frauen im Reitsport liegen wie auch an einem erhöhten Mitteilungsbedürfnis von Frauen im Bezug auf Befragungen.

Bringt man diese Angaben der Geschlechterverteilung im Reitsport mit den Präferenzen der Trainer für ein Geschlecht im Unterricht (s. Kap. 4.1, Fr. 50) in Zusammenhang, ist auffällig, dass trotz des starken Übergewichtes an Reiterinnen keine starke Vorliebe für weibliche Schüler herrscht.

5.1.2 Verteilung der Trainer über das Bundesgebiet

Alle 17 Landesverbände waren an der Trainerbefragung beteiligt (s. Kap. 4.1, Fr. 4). Um das Verhältnis von Traineranzahl zu Landesverbandsgröße zu erfassen, können die Mitgliederzahlen der Landesverbände aus dem Jahr 2009 herangezogen werden (Deutsche Reiterliche Vereinigung 2010, S. 133). Bildet man für jeden LV den Quotient aus Mitgliederzahl und Anzahl der Trainer, die an der Befragung teilgenommen haben, lässt sich zwar keine konkrete Angabe darüber machen, wie viele Trainer in einem Verband auf wie viele Reiter kommen, aber es lassen sich generelle Aussagen darüber treffen, in welchen Landesverbänden die Trainerdichte höher ist als in anderen. Ein hoher Quotient zeigt bei dieser Betrachtung eine geringe Trainerdichte an, ein geringer Quotient ist ein Zeichen für eine hohe Trainerdichte (s. Tab. 5.1).

Der Durchschnittsquotient (Mitglieder : Trainer) liegt für das gesamte Bundesgebiet bei 801. Das Land mit der geringsten Trainerdichte ist das Saarland (Quotient 1657). Ebenfalls eine unterdurchschnittliche Trainerdichte haben Weser-Ems, Baden Württemberg und Hannover-Bremen (Quotienten >1000). Eine durchschnittliche Trainerdichte (Quotienten zwischen 700 und 900)) können die Landesverbände Rheinland-Pfalz, Mecklenburg-Vorpommern, Bayern, Westfalen und Hessen vorweisen. Im Vergleich zum Bundesgebiet ist die Trainerdichte im Rheinland, in Sachsen-Anhalt, Hamburg, Schleswig-Holstein, Sachsen, Bremen und Berlin-Brandenburg überdurchschnittlich hoch (Quotient <700). Thüringen ist der Verband mit der höchsten Trainerdichte (Quotient 278).

Tabelle 5.1: Trainerdichte in den 17 Landesverbänden
Quelle: Eigene Darstellung

Landesverband	Mitglieder	Trainer	Quotient: Mitglieder/Trainer
Baden-Württemberg	104.080	98	1062
Bayern	101.048	128	789
Berlin-Brandenburg	15.600	43	363
Bremen	2.968	7	424
Hamburg	5.044	9	560
Hannover-Bremen	88.744	85	1044
Hessen	74.407	83	896
Mecklenburg-Vorpommern	8.061	11	733
Rheinland	68.264	101	676
Rheinland-Pfalz	32.230	46	701
Saarland	13.256	8	1657
Sachsen	11.026	21	525
Sachsen-Anhalt	11.441	19	602
Schleswig-Holstein	43.803	80	548
Thüringen	6.940	25	278
Weser-Ems	51.570	44	1172
Westfalen	110.357	127	869
Gesamt	**748.839**	**935**	**801**

5.1.3 Reitlehrerhaftpflichtversicherung

Die meisten Menschen sind über die Privathaftpflichtversicherung gegen bestimmte Schäden versichert. Für manche Tätigkeiten, wie die eines Reitlehrers, gibt es die Möglichkeit, eine zusätzliche Haftpflichtversicherung abzuschließen. Ist der Reitlehrer ausreichend haftpflichtversichert, tritt für sein Verschulden seine Haftpflichtversicherung ein. Zahlreiche Reitlehrer (besonders die, die nicht in Vereinsanlagen unterrichten) haben jedoch keinen ausreichenden Versicherungsschutz und müssten im Schadensfall für die gesamten Kosten aufkommen. Im Nachteil sind also der nicht ordnungsgemäß versicherte Reitlehrer und letztlich der geschädigte Reiter. Der Reiter bleibt zu einem Teil auf seinen eigenen Kosten sitzen, diese werden von keiner Seite erstattet (Adolphsen 1997, S. 2).

In einem Merkblatt der FN zur Haftung und Versicherung im Pferdebereich heißt es: „Fall 4: Der Reitlehrer nimmt auf eigene Rechnung Nebentätigkeiten wahr (z. B. Pferdeausbildung oder Reitunterricht, der nicht vom Verein/Betrieb organisiert ist). Für diese Nebentätigkeit sollte ein Reitlehrer unbedingt eine eigene Haftpflichtversicherung abschließen, denn hier tritt weder die Versicherung des Vereines (Sportbundversicherung) noch die des Betriebes (Betriebshaftpflichtversicherung) noch schließlich eine evtl. bestehende Privathaftpflichtversicherung des Reitlehrers ein“ (Wann 2000, S. 8).

Im Fragebogen sollte die Frage nach dem Abschluss einer Reitlehrerhaftpflichtversicherung Auskunft über den Grad der Professionalität der Trainertätigkeit geben. Von allen aktiv tätigen Trainern haben mit 54,9 Prozent knapp über die Hälfte eine Reitlehrerhaftpflichtversicherung abgeschlossen (s. Kap. 4.1, Fr. 7), was auf den ersten Blick für einen mäßigen Professionalitätszustand der Amateurreitlehrer spricht.

Kreuzt man die Angaben zur Versicherung mit der höchsten Prüfung der Trainer, ergibt sich ein deutlicher Zusammenhang. Höher qualifizierte Trainer sind häufiger reitlehrerhaftpflichtversichert als weniger hoch qualifizierte Trainer. So haben von den Trainern A immerhin 70,3 Prozent eine Reitlehrerhaftpflichtversicherung abgeschlossen, von den Trainern C Leistungssport dagegen nur 33,8 Prozent. Ein Grund für diese Verteilung ist die Tatsache, dass geringer qualifizierte Trainer, die seltener eine Reitlehrerhaftpflichtversicherung abgeschlossen haben, häufiger für einen Verein tätig sind als beispielsweise Trainer A (s. Kap. 4.2, Fr. 91 - 95). Unterrichten diese ausschließlich die Vereinsschüler, sind sie über den Verein abgesichert und es besteht keine Notwendigkeit für eine weitere eigens abgeschlossene Versicherung.

5.1.4 Geburtsjahr und Zeitpunkt der letzten Prüfung

Die Tatsache, dass 90 Prozent der Trainer aus der Stichprobe zwischen 1960 und 1989 geboren wurden, hat zwei unterschiedliche Ursachen. Ein Grund dafür, dass die Stichprobe nicht jünger ist als durchschnittlich 37 Jahre (s. Kap. 4.1, Fr. 2), liegt in der Tatsache begründet, dass die Trainerausbildung grundsätzlich erst ab dem 18. Lebensjahr abgelegt werden kann. Eine Ausnahmeregelung besagt, dass ab dem 16. Lebensjahr Prüflinge den Trainer C Basissport ablegen können, wenn zuvor bereits die Prüfung zum Trainerassistenten erfolgreich absolviert wurde. Für den Trainer C Leistungssport benötigen unter 18-jährige zusätzlich eine entsprechende Empfehlung vom Lehrgangsleiter und der Prüfungskommission, außerdem ist das Reitabzeichen der Klasse II erforderlich. Für die Prüfungen zum Trainer B (Basis- und Leistungssport) ist die Vollendung des 18. Lebensjahres, zum Trainer A die Vollendung des 22. Lebensjahres Zulassungsvoraussetzung für den Trainerlehrgang (s. Kap. 2.1 – 2.3). Der Grund dafür, dass die befragten Trainer durchschnittlich nicht älter sind, liegt an der Auswahl der angeschriebenen Trainer. Bewusst wurden ausschließlich diejenigen Trainer angeschrieben, die ihre letzte Prüfung nach dem Jahr 2000 abgelegt hatte. Da im Jahr 2000 innerhalb der APO Änderungen an der Trainerausbildung vorgenommen wurden, erschien dieser Schnitt sinnvoll. Um ein aussagekräftiges Ergebnis über die aktuelle Trainerausbildung zu erlangen, wurden Trainer ausgewählt, die einheitlich nach den zum Befragungszeitpunkt aktuellen Richtlinien ausgebildet wurden. Vor diesem Hintergrund erklärt sich die Verteilung der letzten Prüfungszeitpunkte (s. Kap. 4.1, Fr. 6). Dass über 70 Prozent der Trainer ihre letzte Prüfung nach dem Jahr 2003 ablegten haben und nur 2,6 Prozent vor dem Jahr 2000, liegt ebenfalls an der Auswahl der angeschriebenen Trainer (s. Kap. 4.1, Fr. 6 & Tab. 4.3).

5.1.5 Bildungsniveau

Den Ergebnissen über den höchsten Schulabschluss der Trainer zu Folge, ist das Bildungsniveau der Trainer in Deutschland hoch. Obwohl es für die Trainerausbildung im Reitsport keine Zulassungsvoraussetzung gibt, die sich auf den Schulabschluss der Traineranwärter bezieht. 28,7 Prozent nannten das Abitur ihren höchsten Bildungsabschluss und 37,6 Prozent der Befragten haben einen Hochschulabschluss (s. Kap. 4.1, Fr. 8). Zieht man zum Vergleich Daten über das Bildungsniveau von Fußballtrainern heran (befragt wurden 936 Trainer B), ist erkennbar, dass deren bereits als überdurchschnittlich hoch eingestuftes Bildungsniveau noch knapp unter dem der Amateurreitlehrer liegt. Von den Trainern B im Fußball haben zwar gut 40 Prozent Fachabitur oder Abitur, aber nur zirka 25 Prozent besitzen einen Hochschulabschluss (Jütting 2004, S. 97). Im Vergleich dazu besaßen im Jahr 2008 nur 24,4 Prozent der deutschen Bevölkerung (über 15-jährige) die Fachhochschulreife oder allgemeine Hochschulreife (Abitur) (Statistisches Bundesamt, 2007).

Für eine Trainerausbildung werden gewisse finanzielle und geistige Voraussetzungen benötigt. Diese können höher gebildete Personen möglicherweise leichter erbringen, denn je höher das Bildungsniveau, desto höher das spätere Einkommen (Baur 2005, S. 216). Die Kosten für einen Trainer C Lehrgang sind mit zirka 760 Euro inklusive Prüfung hoch. Hinzu kommen Kosten für Unterbringung und Verpflegung. Ebenso wie Kosten für die Nutzung eines Schulpferdes oder die Unterbringung und Verpflegung eines eigenen Pferdes während des Lehrganges. Lässt ein Trainer sich bis zur A Qualifikation ausbilden, kann eine Ausbildung zusammengerechnet leicht 4500 Euro übersteigen. Diese Angaben beziehen sich auf die Preise der Landes- Reit- und Fahrschule Rheinland (Landesreitschule.de, 2010).

Im Vergleich mit anderen Sportarten erscheinen die Kosten für einen Trainerschein im Reiten nicht unverhältnismäßig hoch. Im Tennis kostet die Prüfung zum Trainer C inklusive der Vorbereitungslehrgänge 765 Euro, für die Ausbildung und Prüfung zum Trainer B werden 890 Euro berechnet. Die Preise beziehen sich auf Angaben des Hessischen Tennis-Verbands e.V. (Lehrwesen-Termine, 2009). Im Tennis werden die C und B Qualifikationen

über die Landesverbände organisiert, die Trainer A Qualifikation wird dagegen nur vom Dachverband (Deutscher Tennis Bund) vergeben.
Im Fußball sind die Kosten für die Trainerqualifikationen etwas günstiger. Lehrgang und Prüfung für die Trainer C Qualifikation kosten zirka 320 Euro, B Qualifikation 430 Euro und A Qualifikation 530 Euro. Die Preisangaben beziehen sich auf die Ausbildung an der Sportschule Hennef (DFBnet SpielPLUS, 2010). Auch bei den Lehrgängen im Tennis und Fußball können zum Teil erhebliche Kosten für Unterkunft und Verpflegung zu den Lehrgangskosten hinzukommen. Lediglich Kosten für Unterbringung des eigenen Pferdes oder die Schulpferdenutzung entfallen.
Als Inhaber einer an sich schon kostenpflichtigen DOSB-Lizenz, müssen Amateurreitlehrer für die Verlängerung der Lizenz Seminare und Fortbildungen besuchen, die ebenfalls kostenpflichtig sind, um Lehreinheiten zu sammeln (s. Kap. 5.2.4). Neben den finanziellen Mitteln sind auch Voraussetzungen wie Interesse an Weiterbildung, Lernwille und Lernfähigkeit für das Bestehen einer solchen Amateurreitlehrerausbildung notwendig. Sowohl die finanzielle Komponente, als auch die geistigen Voraussetzungen sind bei Personen mit höherem Bildungsniveau häufiger gegeben.

5.1.6 Eigene sportliche Leistungen der Trainer

Zu den sportfachlichen Daten zählen im Fragebogen zur Trainertätigkeit im Reitsport sowohl die höchsten erreichten Turniererfolge der Trainer als auch deren zum Befragungszeitpunkt aktuelle Leistungsklassen. Betrachtet man die eigenen sportlichen Leistungen der Trainer, fällt auf, dass diese durchschnittlich eher niedrig sind. Viele Befragte können keinerlei Turniererfolge vorweisen. Etwa 1/3 der Trainer haben keine Dressurerfolge, knapp die Hälfte keine Springerfolge und über 85 Prozent keine Vielseitigkeitserfolge. Außerdem waren zum Zeitpunkt der Befragung mehr als 60 Prozent im Springen sowie in der Dressur und sogar über 70 Prozent in der Vielseitigkeit nicht turnieraktiv (s. Kap. 4.1, Fr. 10 - 15). Neben der grundsätzlichen Tatsache der geringen turniersportlichen Aktivitäten und Erfolge, sind zwei deutliche Tendenzen zu erkennen. Es gibt ein starkes Gefälle zwischen Dressur-, Spring- und Vielseitigkeitserfolgen. Die Trainer reiten auf Turnieren eher erfolgreich Dressur als Springen und mit Abstand am seltensten Vielseitigkeit. Weiterhin gibt es ein deutliches Gefälle zwischen den Klassen. Die Trainer können - wenn überhaupt – eher Erfolge auf niedrigem Niveau vorweisen. Erfolge in den mittleren und schweren Klassen sind in allen drei Disziplinen äußerst selten. Platzierungen in der Klasse A sind dagegen am häufigsten. Analog zu den Angaben über Turniererfolge sind auch die Leistungsklassen, mit denen die Trainer reiten, relativ niedrig. Die Leistungsklassen 6, 5 und 4 sind in allen drei Disziplinen um ein Vielfaches stärker vertreten als die Leistungsklassen 3, 2 und 1 (s. 4.1 Fr. 10 - 15, Tab 4.4 & 4.5). Die Trainer kommen demnach selbst nur in erstaunlich geringem Maße aus dem aktiven Turniersport. Alleine die großen Diskrepanzen zwischen den drei Disziplinen mit einem deutlichen Übergewicht zur Dressur lassen Zweifel an dem von Vertretern der FN formulierten Ziel des vielseitigen Ausbilders aufkommen.

Die dritte FN-Bildungskonferenz „Ausbildung im Pferdesport: Der Stellenwert des Trainers“, die am Dienstag den 15. Juni 2010 stattfand, stand unter dem Motto „Ohne gute Ausbilder ist kein guter Sport zu haben“. Der Reitmeister und Leiter der Westfälischen Reit- und Fahrschule Martin Plewa sprach sich klar für eine vielseitige Grundausbildung aus. Plewas Vortrag „Der vielseitige Unterricht – Verantwortung für Sportler und Pferd begann mit einer Lagebestimmung, in der er kritisierte, dass in der Sportpolitik der Verbände die Forderung nach vielseitiger Ausbildung wenig ernst genommen würden. Entsprechende Maßnahmen werden kaum umgesetzt. Dagegen wird die frühzeitige Spezialisierung gefördert, und dieser auch noch durch unbegrenzte Möglichkeiten im Turniersport Vorschub geleistet. Möglichkeiten zur vielseitigen Ausbildung seien rar gesät. Die Ausbildung von Freizeit-, Gelände- oder Jagdreitern würde wenig praktiziert, wodurch den Vereinen eine wichtige Zielgruppe verloren gehe, zählte Plewa auf. Doch gerade in der Spring- und Geländeausbildung seien bei Trainer- und Reitabzeichenprüfungen immer wieder deutliche Defizite erkennbar (Borchardt 2010, S. 9). Mit seinen Aussagen bestärkt Martin Plewa die in der vorliegenden Arbeit erhobenen Ergebnisse. Der Forderung nach vielseitiger Ausbildung der Reiter in Deutschland ist mit Trainern, die selbst nicht vielseitig ausgebildet sind, nicht nachzukommen. Die Tatsache, dass von der FN mittlerweile Qualifikationen angeboten werden, bei denen spezialisierte Trainer ausgebildet werden, steht im Widerspruch zu diesem durch Plewa formulierten Ziel. Während der Trainer A Ausbildung und der abschließenden Prüfung haben die Anwärter die Möglichkeit, je nach eigenem reiterlichen Schwerpunkt auszuwählen, ob das praktische Reiten in einer Schwerpunktdisziplin auf dem Niveau der Klasse M absolviert wird (in den weiteren reiterlichen Disziplinen wird die Leistung dann mindestens auf dem Niveau der Klasse A beurteilt) oder ob das praktisches Reiten in allen Disziplinen im Bereich der Klasse L absolviert wird (Deutsche Reiterliche Vereinigung 2009b, S. 16). Verschärft wird die Situation dadurch, dass Spring- und Geländeprüfung zum Abschluss der Trainerausbildung in ihrem Schwierigkeitsgrad selten den Bedingungen auf offiziellen Turnieren entsprechen. Entwicklungen wie spezialisierte Trainerscheine widersprechen den offen vom Verband ausgesprochenen Handlungszielen. Vielmehr arbeiten Regelungen wie spezialisierte Reitabzeichen für Jugendliche und spezialisierte Trainerscheine gegen die von Plewa ausgesprochenen Bemühungen nach vielseitiger Ausbildung und vielseitigen Ausbildern. Naheliegend ist, dass die Disziplinen, die die Trainer nicht selbst praktizieren und in denen sie keine ausreichenden eigenen Erfahrungen gesammelt haben, auch nur in geringem Maße an die Reitschüler weitergegeben werden.

Obwohl die eigene sportliche Leistung nicht zwingend das wiederspiegelt, was die Trainer unterrichten oder gerne unterrichten würden, steht der eigene sportliche Erfolg der Trainer sowohl in Zusammenhang mit den Disziplinen die unterrichtet werden als auch mit dem Leistungsniveau auf dem unterrichtet wird.

Handlungsempfehlung:
Der Forderung nach vielseitiger Ausbildung von Reitschülern kann nur durch vielseitig ausgebildete Trainer nachgekommen werden. Daher müssen sowohl Zulassungsvoraussetzungen für die Trainerausbildung, als auch Prüfungsmodi und Turnierorganisation die Vielseitigkeit der Reiter fordern und fördern. Als Voraussetzung zur Trainerausbildung wären Turniererfolge in mehreren Disziplinen (Springen und Dressur oder wahlweise Vielseitigkeit) denkbar. Die bisherigen Voraussetzungen fordern lediglich Turniererfolge auf bestimmten Niveau unabhängig von der Disziplin. Spezialisierte Trainerausbildungen und Reitabzeichen sollten abgeschafft werden. Neben den klassischen Disziplinen muss das Reiten außerhalb von Hallen, breitensportliche Reiterei ebenso wie zum Beispiel das Jagdreiten aktiv gefördert werden.

5.2 Arbeitsbereich und Arbeitssituation

Die sportlichen Leistungen (s. Kap. 5.1.6) bieten einen Übergang zum zweiten Block des Diskussionsteils. Die erhobenen Turniererfolge und Leistungsklassen der Trainer ziehen eine Betrachtung des Niveaus, auf dem diese unterrichten, nach sich, ebenso wie eine Klärung der praktizierten Arbeitsbereiche.

5.2.1 Leistungsniveau

Jede Person hat Gebiete, auf denen sie schwerpunktmäßig Fähigkeiten und Fertigkeiten besitzt. Erfolgreich reiten zu können, heißt nicht zwangsläufig auch, erfolgreich ausbilden zu können. Allerdings mag es diejenigen Menschen geben, die nicht das Talent oder nicht die finanziellen Möglichkeiten haben, auf höchstem Niveau zu reiten, aber das Gefühl für das Reiten sowie ihr Wissen und Können an andere Reiter verständlich weitergeben können.

Vergleicht man das niedrige Leistungsniveau der Trainer (s. Kap. 5.1.6) mit dem Leistungsniveau auf dem diese unterrichten, ergeben sich folgende Zusammenhänge. Erwartungsgemäß ist der Breitensport das Niveau, auf dem Amateurreitlehrer am häufigsten tätig sind und der Hochleistungssport das Niveau, auf dem sie am seltensten unterrichten. Über 90 Prozent der Trainer gaben an, im Breitensport „immer", „häufig" oder „manchmal" zu unterrichten und nur 9,7 Prozent lehren „immer", „häufig" oder „manchmal" im Hochleistungssport. Auffälliger ist das Ergebnis, dass auch knapp 60 Prozent (58,4%) der Stichprobe „immer", „häufig" oder „manchmal" im Leistungssportbereich tätig sind. Den eigenen sportlichen Leistungen sowie Leistungsklassen nach zu urteilen, erscheint dieser Anteil hoch. Dies kann einerseits an der unterschiedlichen Interpretationen des Begriffes Leistungssport liegen, die unter den Befragten Gültigkeit hatten. Andererseits ist der große Anteil an Trainern im Leistungssportbereich ein Hinweis darauf, dass die Trainer trotz geringer eigener Erfolge und Turniererfahrungen auf verhältnismäßig hohem Niveau unterrichten. Grundsätzlich ist festzustellen, dass mit steigender Qualifikation der Trainer die Unterrichtsaktivität im Breitensport tendenziell abnimmt, die Aktivität im Leistungs- und Hochleistungssport dagegen tendenziell zunimmt.

Trotz der geringen turniersportlichen Aktivität und Erfolge und dem Schwerpunkt im Breitensportbereich, gaben insgesamt mehr Trainer an, lieber Fortgeschrittene zu unterrichten als Anfänger. Knapp ein Drittel der Trainer (27,7%) bevorzugen Fortgeschrittene (s. Kap. 4.2, Fr. 50).

Handlungsempfehlung:
Wünschenswert wäre eine Situation, in der die eigene turniersportliche Leistung der Amateurreitlehrer - zumindest nach oben – mit dem Niveau, welches die Trainer selbst unterrichten, korreliert. Solche Voraussetzungen können durch sorgfältig durchdachte und kontrollierte Zugangsvoraussetzungen zu den Trainerlehrgängen geschaffen werden.
Außerdem sollte es Aufgabe der Verantwortlichen sein, eine Lösung dafür zu finden, wie die besseren und vielseitigen Reiter (unabhängig von Berufsreitern) aus Vereinen und Betrieben zu einer Ausbildung zum Amateurreitlehrer motiviert werden können. Talentierte und erfolgreiche Reiter müssten einen größeren Vorteil in der Trainerausbildung sehen. Eine finanzielle Unterstützung bei den Kosten des Trainerlehrganges wäre ebenso denkbar wie die Übernahme der Kosten für die DOSB-Lizenz. Nur durch derartige Maßnahmen kann sich der Zustand, dass die Trainer zu einem großen Teil kaum Turniererfolge vorweisen können und gering turniersportlich aktiv sind, ändern.

5.2.2 Arbeitsbereiche

Dressur, Springen, Vielseitigkeit

Das starke Gefälle zwischen den Disziplinen Dressur, Springen und Vielseitigkeit, bei den Turniererfolgen und der Turnieraktivität der Trainer, spiegelt sich auch in ihrem Unterricht wieder. Die Trainer reiten auf Turnieren nicht nur häufiger Dressur als Springen und am seltensten Vielseitigkeit, sie unterrichten auch in dieser Gewichtung. Auch diese Staffelung lässt sich damit erklären, dass die Trainer zu großen Teilen selbst keine Erfahrungen in den Disziplinen Springen und Vielseitigkeit vorweisen können (s. Kap. 5.1.6). Neben dem Grund, dass sie diese Disziplinen selbst nie aktiv bestritten haben, kommt die Komponente hinzu, dass viele Trainer selbst gar nicht Springen wollen, erst recht nicht im Gelände über feste Hindernissen. Reitlehrer, die selbst nicht vielseitig ausgebildet sind, können nicht vorhandenes Wissen und nicht vorhandene Erfahrungen auch nicht an ihre Schüler weitergeben. Ohne vielseitige Ausbilder ist demnach keine vielseitige Ausbildung möglich.

Disziplinen der Anschlussverbände

Die Arbeitsbereiche Western, Barock, Distanz, Gangpferde und klassisch barocke Reiterei wurden im Gegensatz zu den klassischen Disziplinen Dressur, Springen und Vielseitigkeit von den Befragten nur mit sehr geringer Häufigkeit angekreuzt (s. Kap. 4.2). Der Grund für diese Verteilung ist, dass diese Arbeitsbereiche ihre eigenen Anschlussverbände mit eigenem Ausbildungssystem haben: Erste Westernreiter Union Deutschland e.V., Verein Deutscher Distanzreiter und –Fahrer e.V., Internationale Gangpferdevereinigung e.V., Bundesverband für klassisch-barocke Reiterei e.V.. Eine Übersicht aller Ausbildungsmöglichkeiten für Trainer (außer Islandpferdereiten) bietet die Ausbildungs- und Prüfungs-Ordnung (Deutsche Reiterliche Vereinigung e.V. 2009 a, S. 21). Der Fragebogen zur Trainertätigkeit im Reitsport wurde lediglich an Trainer Reiten versendet (s. Kap. 3.2.1). Eine Überschneidung der Einsatzgebiete ist - von Seiten der Amateurreitlehrer - nach den vorliegenden Ergebnissen nahezu auszuschließen. Dabei scheint ein Blick über den Tellerrand der klassischen Disziplinen durchaus gerechtfertigt. Denn im Gegensatz zu den seit 2006 sinkenden Mitgliederzahlen der FN

(Deutsche Reiterliche Vereinigung 2010, S. 132), können die Anschlussverbände der FN und die eigenständigen Pferdesportverbände, wie zum Beispiel die Vereinigung der Freizeitreiter und –fahrer in Deutschland e.V. (VfD) einen Zuwachs von Mitgliedern in den letzten Jahren verzeichnen (Offermann 2010, S. 29).

Therapeutischen Reiten

Die Arbeitsbereiche Heilpädagogisches Reiten, Hippotherapie und Reiten als Sport für Behinderte sind Teilbereiche des therapeutischen Reitens. Um in diesen Bereichen unterrichten zu dürfen, müssen die Anwärter bestimmte Zulassungsvoraussetzungen erfüllen. Die Trainer C Qualifikation stellt eine von mehreren Zulassungsvoraussetzung dar (Deutsche Kuratorium für Therapeutisches Reiten 2010, S. 3). Insgesamt werden die drei Bereiche von den befragten Trainern nur in geringem Maße unterrichtet (s. Kap. 4.2).
Trotz der Tatsache, dass die Mittelwerte der Angaben der Trainer C Basissportler im Bereich zwischen „selten" und „nie" liegen, sind die Trainer C Basissport diejenigen, die in diesen drei Teilbereichen am häufigsten tätig sind (s. Tab. 4.11).

Erwachsene Wiedereinsteiger

Aufgrund der demographischen Entwicklung wird in den nächsten Jahren die Zahl der älteren Menschen stetig zunehmen, da die Geburtenzahlen sinken und die Lebenserwartung der Menschen steigt (Bojer et al. 2008, S. 10). Ältere Menschen werden zukünftig die Pferdewelt erschließen wollen, die Anzahl der Jugendlichen wird jedoch zwangsläufig zurückgehen (s. Kap. 5.2.1, Altersverteilung). Erwachsene Wiedereinsteiger gibt es bereits und ihr Anteil wird weiter steigen, allerdings besteht bei diesen Reitern allgemein eher das Bedürfnis nach Freizeit und Natur, als sportlicher Ehrgeiz (Deutsche Reiterliche Vereinigung 2007, S. 112). Der Unterrichtsbedarf hält sich in Grenzen, da sportliche Ambitionen nicht im Vordergrund stehen und wenig Notwendigkeit für Unterricht gesehen wird. Wiedereinsteiger haben meist bereits in ihrer Jugend Reitunterricht erhalten und bauen im Erwachsenenalter selbstständig auf diesen Erfahrungen auf. Die über 60jährigenen treiben vor allem allein und ohne Vereinsbindung Sport. Sie nutzen Sportarten, die in der Natur stattfinden oder zu Hause, mit Partner, Freunden oder allein (Thiel 2008, S. 163). Ein anderer Blickwinkel ist, dass es für diese Zielgruppe nur sehr wenige Angebote gibt. Bislang reagieren nur wenige Organisationseinheiten mit Umstrukturierungen auf die steigende Zahl der erwachsenen Wiedereinsteiger. Zu wenige Betriebe und Vereine bieten ein Angebot, das auf die Interessen und Bedürfnisse der über 30-jährigen abgestimmt ist (Bojer et al.2008, S. 11). Vor dem Hintergrund dieser Gesamtentwicklung besteht die Notwendigkeit, Reiten als Naturerlebnis und Ausgleich zu propagieren (Tietze 2004, S. 427). Wie auch in der Gesamtentwicklung geht die Tendenz gerade bei den erwachsenen Wiedereinsteigern hin zum unorganisierten Reiten in der Natur (Offermann 2010, S. 23)

Altersverteilung

Der aktuelle Zustand der Altersverteilung der Schüler (s. Kap. 4.2, Fr. 42 - 45) zeigt, dass die Amateurreitlehrer zu jüngeren Reitschülern tendieren. Kinder bis zwölf Jahre und Jugendliche zwischen 13 und 18 Jahren werden häufiger unterrichtet als Erwachsenen zwischen 19 und 29 Jahren und Erwachsene über 30. Auch der Wunschzustand der Verteilung sieht - bezogen auf das Alter - so aus, dass Kinder und vor allem Jugendliche im Gegensatz zu erwachsenen Reitern von den Trainern bevorzugt werden (s. Kap. 4.2, Fr. 46 - 49 & Abb. 4.10).

Der Zustand, dass ein Großteil der Trainer vorzugsweise junge Schüler unterrichten wollen, ist nicht zukunftsträchtig. Im Zuge des demographischen Wandels werden die Trainer sich an die entstehende Altersverteilung mit mehr älteren Reitern anpassen müssen. „Mehr Alte, weniger Junge.“ So kann die Entwicklung der Bevölkerungsstruktur am treffendsten beschrieben werden (Dorbritz 2008, S. 64). Die Zahl der über 65-jährigen wird um 31,8 Prozent zunehmen, die der unter 20-jährigen um 17,2 Prozent abnehmen. 13 Prozent Verlust und damit 7,7 Millionen weniger Personen im Alter zwischen 20 und 65 Jahren werden vom Statistischen Bundesamt vorhergesagt (Statistisches Bundesamt 2009, S. 38f. & Abb. 1). Die Zusammensetzung der Bevölkerung wird sich somit grundlegend ändern.

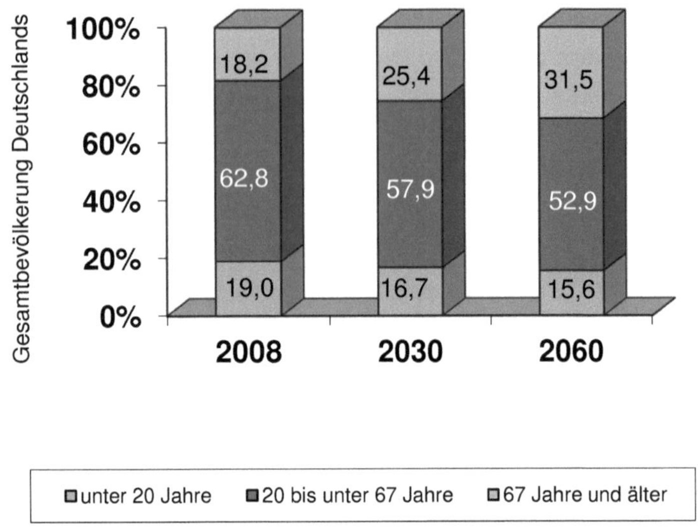

Abbildung 5.3: Anteile versch. Altersgruppen an d. Gesamtbevölkerung.
Quelle: Eigene Darstellung in Anlehnung an: Statistisches Bundesamt 2009, S. 39

Zu den Angaben der Stichprobe über die Altersverteilung ihrer Schüler passt auch das Ergebnis der Fragen 99 bis 101, welches zeigt, dass der Nachmittag die am meisten zum Unterrichten genutzte Zeit darstellt. Der Nachmittag ist die Zeitspanne, die für Kinder und Jungendliche am häufigsten für Reitunterricht in Frage kommt und für berufstätige Erwachsene als Zeitpunkt für Trainingseinheiten eher wegfällt.

Handlungsempfehlung:
Der demographische Wandel und seine Auswirkungen auf die Gesellschaft, den Sport und speziell den Reitsport sollte in der Trainerausbildung thematisiert werden und einen festen Platz innerhalb der Themenblöcke der Trainerausbildung bekommen. Die Veränderungen in der Gesellschaft werden die Traineranwärter in ihrer Zukunft direkt betreffen.
Die älteren Reiter sowie die erwachsenen Wiedereinsteiger sind Zielgruppen, die für die Amateurreitlehrer ein bedeutendes Handlungsfeld darstellen. Auch vor dem Hintergrund, dass das eigene turniersportliche Leistungsniveau vieler Amateurreitlehrer selbst gering ist, sind dies Zielgruppen, die mit ihren Bedürfnissen nach Natur, Ausgleich und Harmonie mit dem Pferd, passgenau in das Tätigkeitsfeld dieser Trainer fallen könnten. Die Trainer müssen die Nachfrage mit Blick auf die gesellschaftliche Entwicklung bedienen. So wird - bei einem weiteren Ausbau der Ganztagsschulen in Deutschland - das in den Schulalltag integrierte Reiten an Bedeutung gewinnen.
Auch Menschen mit Migrationshintergrund werden sich zu einem wachsendes Handlungsfeld für die Amateurreitlehrer entwickeln. Der DOSB sieht in der Bevölkerungsgruppe der Menschen mit Migrationshintergrund eine zukunftsträchtige Zielgruppe, die bisher nahezu unausgeschöpft ist (Offermann 2010, S. 25).

5.2.3 Arbeitssituation

Unterrichtsort und Schulpferde

Betrachtet man die Mobilität der Trainer genauer, fällt auf, dass je dichter an der Basis unterrichtet wird, desto eher fahren die Schüler zu ihren Trainern. Im Vergleich zwischen den Qualifikationen fahren die Trainer A etwas regelmäßiger zu ihren Schülern als die anderen Trainer. Zu den Trainern C Basissport kommen die Schüler dagegen regelmäßiger als zu den anderen Trainern (s. Kap. 4.2, Fr 78 - 79). Ein Grund für diese Verteilung ist die Tatsache, dass Schülern an der Basis selten ein eigenes Pferd zur Verfügung steht und daher Schulpferde nutzen. Weiter fortgeschrittene Reiter auf höherem Leistungsniveau besitzen häufiger ein eigenes Pferd.

Auf die Frage, ob die Trainer lieber Reitschüler auf Schulpferden oder auf Privatpferden unterrichten, gaben zwar etwa die Hälfte der befragten Trainer keine Präferenz an, allerdings unterrichten gut dreimal so viele Trainer lieber auf Privatpferden als auf Schulpferden (s. Abb. 4.9). Das kann daran liegen, dass Schüler auf Privatpferden bereits fortgeschrittene Reiter sind, was damit zur generellen Präferenz der Trainer gegenüber fortgeschrittenen Schülern passt. Andererseits kann die negative Präferenz gegenüber Schulpferden auch auf einen schlechten Schulpferdebestand in Deutschland hindeuten.

Über den Bestand der Schulpferde in Deutschland ist allerdings nur sehr wenig bekannt, obwohl Qualität und Quantität von Schulpferden eine wichtige Voraussetzung sind, um neue Interessenten und Wiedereinsteiger an den Pferdesport zu binden. Abgesehen von der Schulpferdebestandsaufnahme der FN von 2006 gibt es kaum Angaben über die in Deutschland eingesetzten Schulpferde. Im Rahmen der Bestandsaufnahme wurden in Deutschland 20.035 Schulpferde gezählt. Statistisch sind die Aussagen der Erhebung mit Vorsicht zu betrachten, da die Rückmeldung der verschiedenen Landesverbände sehr unterschiedlich war. Beispielsweise haben die Vereine und Betriebe in Hessen mit knapp 90 Prozent auf die Erhebung geantwortet, andere Landesverbände wie Sachsen-Anhalt und Thüringen dagegen überhaupt nicht. Auch die Aussagen der Schulpferdebestandserhebung zum Einsatzgebiet der Schulpferde sind statistisch nicht aussagekräftig (Bojer et al. 2008, S. 24).

Tendenziell stehen Trainern mit höheren Qualifikationen häufiger eigene Schulpferde zur Verfügung als Trainern mit niedriger Qualifikation. Trainer B haben am häufigsten Schulpferde in eigenem Besitz (s. Kap. 4.2, Fr. 74 - 77).

Schüler pro Stunden

Im Reitsport gibt es sehr häufig die Situation der 1:1-Betreuung im Unterricht. Auch Unterrichtssituationen in kleinen Gruppen sind verbreitet. 69,7 Prozent der befragten Trainer gaben an „immer" oder „häufig" Einzelunterricht zu erteilen. Nur 2,2 Prozent der Befragten erteilen „nie" Einzelunterricht (s. Kap. 4.2, Fr. 80 - 84). Die Betreuung durch einen Trainer mit Konzentration auf einen oder wenige Schülern in einer Stunde bietet Voraussetzungen, die hohe Qualität im Reitunterricht ermöglicht.

Stundenlohn und Reitstunden pro Woche

Wie die Ergebnisse von Frage 85 und 86 zeigen, betreiben die Amateurreitlehrer ihre Tätigkeit größtenteils nicht als Hauptberuf. 70,4 Prozent der befragten Trainer nehmen weniger als 20 Euro pro 60 Minuten Unterrichtszeit ein (s. Kap. 4.2, Fr. 85). Um hauptberuflich von ihrem Trainerdasein leben zu können, müssten die Amateurreitlehrer deutlich mehr Geld pro Stunde von ihren Kunden verlangen. Diese Tendenz zum Unterrichten auf nebenberuflicher Basis spiegelt sich auch im Unterrichtsumfang wieder. Nur 1,1 Prozent der Befragten unterrichten mehr als 30 Stunden in der Woche, dagegen unterrichten 73 Prozent nur bis zu zehn Stunden pro Woche (s. Kap. 4.2, Fr. 86). Geht man davon aus, dass Trainer, die wöchentlich elf bis 20 Stunden Reitunterricht geben, keinem anderen vollen „40 Stunden-Job" nachgehen, bestätigt sich ein Trend, der auf dem Arbeitsmarkt seit längerem zu beobachten: In der Gesellschaft entwickelt sich das Anstellungsverhältnis zunehmend weg von einem in Vollzeit betriebenen Hauptberuf hin zu mehreren parallel organisierten Tätigkeiten.

Vergleicht man die Stundenlöhne unterschiedlich qualifizierter Reitsporttrainer mit Angaben aus anderen Sportarten, so wird deutlich, dass diese mehr Euro pro Stunde für ihren Unterricht verlangen. Die Kosten pro Trainingsstunde (60 min.) eines ausgebildeten Tennistrainers beginnen bei etwa EUR 20,- (C-Lizenz) und sind nach oben offen. Dabei kann die Platzmiete den Stundenpreis gegebenenfalls noch einmal bis zu 100 Prozent (i.d.R. 15 bis 25 Euro) der Trainerkosten überschreiten (Haupt, J. 2007).

Eine weitere Auffälligkeit ist, dass die Einnahmen pro 60 Minuten Reitunterricht zwischen den unterschiedlichen Qualifikationen nur relativ eng gestaffelt sind. So verdienen Trainer C Basissport durchschnittlich 17,40 Euro pro 60 Minuten Reitunterricht, bei den Trainer A liegt der Stundenlohn durchschnittlich bei 24,10 Euro (s. Kap. 4.2, Fr. 85). Die Differenzen zwischen den Qualifikationen erscheinen gering, betrachtet man die Leistungen der Trainerqualifikationen im Einzelnen. Erstens muss für die höhere Qualifikation deutlich mehr theoretisches Wissen und Fähigkeiten im praktischen Reiten sowie der Unterrichtserteilung vorgewiesen werden. Zweitens scheinen die Differenzen zwischen den durchschnittlichen Stundenlöhnen der verschiedenen Qualifikationen auch mit Blick auf die finanziellen Vorleistungen, die erbracht werden müssen gering. So haben Trainer A im Gegensatz zu einem Trainer C bereits ein Vielfaches in ihre Ausbildung investiert (s. Kap. 5.1, Bildungsniveau). Drittens ist das Niveau auf dem die Trainer A unterrichten höher. Im Vergleich mit den anderen Qualifikationen unterrichten diese häufiger im Leistungs- und Hochleistungsbereich als alle anderen Qualifikationen (s. Kap. 4.2, Fr. 53 - 55 & Tab. 4.9). Von der Vermutung ausgehend, dass die Bereitschaft für eine Reitstunde im Leistungsbereich mehr Geld zu investieren größer ist als im Breitensportbereich, scheint die Differenz von weniger als acht Euro zwischen den Durchschnittsgehältern eines Trainer A und eines Trainer C gering.

Monatliche Einnahmen und Arbeitspensum

Wie in den vorhergehenden Abschnitten dargestellt, zeichnet sich unter den Amateurreitlehreren eine Tendenz zum Unterrichten als Teilzeitjob, Nebenerwerb oder Hobby ab. Dies wird besonders deutlich im Vergleich der Amateurausbilder mit dem verwandten Beruf des Pferdewirtes Schwerpunkt Reiten. Ein Großteil der Amateurreitlehrer verdient monatlich nur zwischen 101 und 500 Euro durch die Trainertätigkeit (s. Kap. 4.2, Fr. 210). Ein solcher Betrag reicht als alleinige Einnahmequelle für den Lebensunterhalt nicht aus. Allerdings unterrichten alle Amateurreitlehrer durchschnittlich auch nur 8,8 Stunden pro Woche (s. Kap. 4.2, Fr. 86). Die Arbeitszeit eines Pferdewirtes ist damit nicht vergleichbar, sondern beträgt ein Vielfaches. Laut der Bundesvereinigung für Berufsreiter im DRFV e.V. soll die Arbeitszeit eines volljährigen Pferdewirtes 45 Stunden pro Woche nicht überschreiten (Deutscher Reiter- und Fahrerverband 2009).

So wie es für die unterschiedlichen Trainerqualifikationen keine festen Gehaltvorgaben gibt, ist auch unter den Berufsreitern die Handhabung der Gehälter nicht fest vorgegeben. Für Pferdewirte gibt es in vielen Fällen keine verbindlichen Tarifverträge. Daher erstellt die Bundesvereinigung der Berufsreiter im DRFV e.V. im Zweijahresrhythmus eine Gehaltsempfehlung. Die Empfehlungen liegen für Pferdewirtschaftsmeister (Reiten) zwischen 2.415 und 3.780 Euro und für Pferdewirte/Bereiter zwischen 1.470 und 2310 Euro. Die Angaben des DRFV sind Bruttoangaben. Die tatsächliche Höhe des monatlichen Gehaltes der Pferdewirte und Pferdewirtschaftsmeister ist zwischen Arbeitnehmern und Arbeitsgebern frei zu vereinbaren und orientiert sich an den unterschiedlichen Qualifikationen und Berufserfahrungen der Berufsreiter (Deutscher Reiter- und Fahrerverband 2009).

Betrachtet man im Vergleich zu den Pferdewirten und Pferdewirtschaftsmeistern nur diejenigen Amateurreitlehrer, deren wöchentlicher Arbeitsumfang als Trainer dem eines Pferdewirtes nahekommt, ergibt sich folgendes Bild:

Von den 763 aktiven Trainern unterrichten nur sieben Trainer zwischen 30 und 40 Stunden pro Woche und nur zwei Trainer mehr als 40 Stunden pro Woche (s. Kap. 4.2, Fr. 86 & Abb. 4.25). Von diesen insgesamt neun Amateurreitlehrern, die annähernd an den Arbeitsumfang eines durchschnittlichen Pferdewirtes oder Pferdewirtschaftsmeister herankommen, machten drei Personen keine Angabe zu ihrem monatlichen Einkommen durch die Trainertätigkeit. Von den verbleibenden sechs Trainern, die Auskunft über ihr Gehalt gaben, verdienen drei mehr als 2000 Euro im Monat, zwei zwischen 1001 und 2000 Euro und ein Trainer zwischen 501 und 1000 Euro.

Legt man den Arbeitsumfang und das Gehalt eines Bereiters zugrunde, wird offensichtlich, dass die Amateurreitlehrer unter völlig anderen Arbeitsverhältnissen tätig sind. Ein Großteil der Trainer geht noch einem weiteren Beruf nach und erteilt parallel zu dieser Tätigkeit qualifizierten Reitunterricht. Die Amateurreitlehrerausbildung ist keine Berufsausbildung, mit der die Trainer ihren gesamten Lebensunterhalt verdienen.

Handlungsempfehlung:
Um sowohl für Trainer als auch für Reitschüler einen gerechtfertigtes und vergleichbares Preisniveau für qualifizierten Reitunterricht zu ermöglichen, sollten die Leistung des Trainers an bestimmten Punkten messbar gemacht werden. In den Preis für eine Reitstunde einfließen sollten Kriterien wie:
- Ort des Unterrichts mit möglichen Nutzungsgebühren für eine Anlage
- Fahrtkosten
- Anstellungsverhältnis (selbstständig/nicht selbstständig)
- zusätzlicher Service wie z. B. Turnierbegleitung
- abgelegte Prüfungen und Ergebnisse
- Leistungsniveau und -klasse des Trainers
- Erfolge als Reiter und Trainer
- weitere Referenzen, Kenntnisse, Fertigkeiten und Erfahrungen

5.2.4 DOSB Lizenz

Die Trainerlizenzen des Deutschen Olympischen Sportbundes werden nach bestandener Prüfung auf schriftlichen Antrag vom zuständigen Landesverband ausgestellt. Die Trainerlizenz ist Voraussetzung zur Beantragung einer Bezuschussung des Vereins entsprechend der Förderrichtlinie der zuständigen Landessportbünde. Während der Gültigkeitsdauer einer DOSB-Lizenz müssen Fortbildungsnachweise (Lehreinheiten) erbracht werden (Homilius, K.). Die Fortbildungsveranstaltungen für Lizenzverlängerungen werden von der FN, den Landes- und Anschlussverbänden sowie an anerkannten Ausbildungsstätten angeboten. Die Fortbildungsmaßnahmen beschäftigen sich mit den Tätigkeitsbereichen der Trainer und tragen zur Aktualisierung und Erweiterung des Wissens im Bereich Lehre und Reiten bei. Schwerpunkte der Veranstaltungen sind theoretische und praktische Unterrichtserteilung, praktisches Reiten, Persönlichkeitsbildung und Sozialkompetenz, Pferdekunde, -Gesundheit und –Management, Fitness des Reiters sowie aktuellen Entwicklungen im Sport. (Pferdesportverband Weser-Ems e.V.)
Die DOSB-Lizenz an sich, ebenso wie das Wissen über diese Lizenz, sind unter den Trainern nur gering vorhanden. Die Tatsache, dass weniger als die

Hälfte der Trainer eine DOSB-Lizenz erworben hat (s. Kap. 4.2, Fr. 96) und von der anderen Hälfte nur knapp 10 Prozent eine Lizenzbeantragung geplant oder initiiert haben, lässt auf eine schlechte Politik bezüglich der DOSB-Lizenz schließen. Von all denjenigen Trainern, die keine DOSB-Lizenz besitzen, ist knapp 30 Prozent die Lizenz sogar völlig unbekannt. Allein diese schlechte Aufklärung der Trainer bezüglich der Lizenz ist fragwürdig. Ein weiteres Drittel sieht keine Vorteile oder keine Notwendigkeit für die DOSB-Lizenz oder hat grundsätzlich kein Interesse an deren Beantragung (s. Kap. 4.2, Fr. 98).

Die Trainer ohne Lizenz sind nicht in dem Fortbildungssystem der FN und der Landes- und Anschlussverbänden gebunden. Die FN und die Landesverbände verdienen langfristig aber nur an den Trainern, die in diesem System organisiert sind und an Fortbildungsveranstaltungen teilnehmen, um Lehreinheiten vorweisen zu können. Es ist davon auszugehen, dass Trainer mit DOSB-Lizenz häufiger an Fortbildungsveranstaltungen teilnehmen als Trainer ohne Lizenz, die nicht verpflichtet sind, eine bestimmte Anzahl an Seminarbesuchen vorzuweisen. Daher ist bei den Trainern ohne Lizenz keine regelmäßige Weiterbildung gewährleistet. Damit ergeben sich für die Verbände zwei eindeutige Nachteile aus den Trainern ohne Lizenz, erstens die fehlenden Einnahmequelle und zweitens die nicht sichergestellte Weiterbildung der Amateurreitlehrer.

Die Bezuschussung und Versicherung über den Reitverein, die mit DOSB-Lizenz möglich ist, scheint als flächendeckender Anreiz zur Beantragung einer DOSB-Lizenz ebenso wenig auszureichen wie eine Reitlehrerhaftpflichtversicherung, die sich mit Lizenz günstiger abschließen lässt. Jedenfalls besteht zwischen der DOSB-Lizenz und dem Abschluss einer Reitlehrerhaftpflichtversicherung statistisch kein Zusammenhang. Der Abschluss einer Reitlehrerhaftpflichtversicherung ist zu höheren Konditionen auch ohne DOSB-Lizenz möglich.

Handlungsempfehlung:

Für die Verbände wäre es sinnvoll, zu hinterfragen, was für die Trainer der Ansporn sein kann, die DOSB-Lizenz zu beantragen. Trainer, die ihre Qualifikation bestanden haben, müssten einen deutlich größeren Nutzen in der Beantragung einer DOSB-Lizenz sehen. Reitlehrerhaftpflichtversicherungen lassen sich bei fast allen Versicherungen zu erhöhten Konditionen auch ohne Lizenz abschließen. Das Weiterbildungssystem, das die Trainer organisatorischen Aufwand und Geld kostet, scheint ein Hindernis zu sein.

Als erster Schritt sollte den Trainern während der Ausbildung die Notwendigkeit von Weiterbildungsmaßnahmen und aktuellem Wissen vermittelt werden. In einem weiteren Schritt sollten Amateurreitlehrer mit DOSB-Lizenz die Fortbildungsmaßnahmen deutlich günstiger besuchen können als andere Teilnehmer. Und in einem dritten Schritt müssen für Trainerabsolventen weitere Anreize für den Abschluss einer Lizenz geschaffen werden.

Die Beantragung der DOSB-Lizenz könnte fest in den Abschluss des Trainerlehrgangs einbezogen werden. Noch in der Gruppe der Absolventen könnten die Lizenzanträge verteilt und ausgefüllt werden. Die Termine für Weiterbildungsmaßnahmen könnten von den Absolventen als feste Termine zum Wiedersehen und Erfahrungsaustausch genutzt werden.

5.3 Selbstverständnis und Eigenwahrnehmung der Trainer

5.3.1 Selbstverständnis und Motive für das eigene Handeln

Wie in Kapitel 5.2 (Abschnitte: Stundenlohn, Monatliche Einnahmen und Arbeitspensum) herausgearbeitet, unterrichten die Amateurreitlehrer ihre Schüler entweder als Hobby oder, weil sie die Reitstunden als zweite Einnahmequelle neben einer anderen Beschäftigung nutzen. Die Auswertung der Fragen 40 und 41 (s. Kap. 4.3) geben Aufschluss über die Beweggründe der Reitlehrer, eine Trainerausbildung zu absolvieren und daraufhin in diesem Bereich tätig zu sein. Um die Motive und das Selbstverständnis der Trainer einschätzen zu können, bietet es sich an, diese beiden Fragen „Warum haben Sie die Trainerausbildung gemacht?" und „Warum sind Sie derzeit als Trainer aktiv?" gemeinsam zu betrachten. Die Motive der Trainer, ihren Trainerschein abzulegen und als Trainer tätig zu sein, lassen sich in nachfolgenden Themenblöcken zusammenfassen.

1. organisatorisch-berufliche Motive

Der größte thematische Block ist der organisatorisch-beruflicher Block. Die Trainer begründen ihr Handeln in großen Teilen mit organisatorischen und beruflichen Argumenten. Wenn Trainer finanzielle Aspekte, also das Geldverdienen, als Argument bringen, dann fallen darunter sowohl die anteilsmäßig wenigen Trainer, die ihren Lebensunterhalt mit der Trainertätigkeit verdienen, als auch die bedeutend größere Gruppe, die durch das Trainerdasein einen angenehmen Nebenverdienst hat. Studenten, die sich ihr Studium durch Reitunterricht finanzieren, fallen ebenso in den organisatorisch-beruflichen Block wie diejenige, die ein Zeitfenster sinnvoll überbrücken wollen, wie zum Beispiel vor Beginn des Studiums.

Der Wunsch nach einer formalen Qualifikation und/oder Versicherungsschutz spielt bei den Traineranwärtern und Trainern ebenfalls eine bedeutende Rolle. Dabei ist für die Trainer die Qualifikation an sich entscheidend, die beispielsweise für den Lebenslauf von Vorteil sein kann. Oder die Qualifikation wird als Voraussetzung für Versicherungsschutz während des Reitunterrichts benötigt.

Die beruflichen Gründe, die Trainer zur Trainerqualifikation und zur Trainertätigkeit führen, sind bei Selbstständigen der eigene Betrieb, auf dem sie als Trainer verpflichtet sind oder aber das eigene Hobby „Reitsport", das finanziert werden soll. Ebenso gibt es auch Personen, die grundsätzlich auf der Suche nach einem zweiten beruflichen Standbein sind oder Pferdewirte, die ihren Arbeitsbereich erweitern möchten oder sich auf ihre Prüfung vorbereiten wollen. Auch Lehrerinnen und Lehrer, die Engagement im Bereich Reiten als Schulsport planen, zählen in den organisatorisch-beruflichen Block hinein. Viele Trainer wollen ihren Trainerschein als Voraussetzung für weitere Qualifikationen nutzen. Damit kann sowohl die Ausbildung für therapeutisches Reiten als auch die Richterlaufbahn gemeint sein.
Dass Reiter oder Trainer von ihrem Verein angefragt oder gebeten werden Reitunterricht zu erteilen ist unter den Trainern ebenso möglich, wie der eigene Wunsch die Vereinsarbeit zu unterstützen

2. Freude an der Vermittlung
An zweiter Stelle steht für die Trainer der Aspekt von Spaß und Freude an der Vermittlung innerhalb des Reitunterrichts. Für viele Trainer erfüllt sich durch die Arbeit als Trainer ein Lebenstraum, einige sprechen sogar von Berufung. Dabei ist für die Trainer sowohl die Freude daran, das eigene Wissen und die eigenen Erfahrungen weiterzugeben ausschlaggebend als auch die Freude daran, überhaupt in der Vermittlerposition zu stehen.

3. Korrekte Ausbildung weitergeben
An dritter Stelle steht für die Trainer das Motiv, korrekte Ausbildung weitergeben zu wollen. Dabei ist auffällig, dass vielen Trainern ihr Wissen für das eigene Reiten und Handeln ausreicht. Geht es allerdings darum, Wissen an andere weiterzugeben, besteht der dringende Wunsch nach Absicherung. Die Bedenken, Reitschüler etwas Falsches zu lehren oder etwas auf falsche Art und Weise weiterzugeben, sind im Bewusstsein vieler Trainer fest verankert. Der Wunsch mit fundiertem Wissen zu unterrichten, war demnach für viele der befragten Trainer ein Grund die Trainerausbildung zu machen. Aber auch die Sorge um die korrekte Ausbildung im Allgemeinen ist verbreitet. Sie sorgen sich grundsätzlich um die Zukunft des Reitsports und insbesondere

um die klassische Reitlehre. Die Trainer sprechen der korrekten Ausbildung nach klassischen Gesichtspunkten große Bedeutung zu und im Sinne der Pferde zu handeln, spielt für sie eine erhebliche Rolle.

4. Eigenes Wissen und Können erweitern

Ein Motiv der Trainer, das nicht zu unterschätzen ist, ist die eigene Weiterbildung. Die Trainer entscheiden sich für die Ausbildung und die Trainertätigkeit auch aufgrund des Erkenntniszuwachses, den sie aus der Ausbildung und der Trainertätigkeit generieren können. Dieser Erkenntniszuwachs bezieht sich jedoch nicht nur auf das Lehren, sondern auch auf das eigene aktive Reiten. Es kann der Eindruck entstehen, dass der Trainerlehrgang als individueller Reitkurs genutzt wird. Von anderen wird die Trainerausbildung wiederum genutzt, um das eigene Können in der Konkurrenz- und Vergleichssituation eines solchen Lehrganges zu überprüfen. Manche Trainer sehen die Ausbildung demnach als eigene Herausforderung, bei der sie sich selbst etwas beweisen können.

5. Fördergedanke

Auch der Fördergedanke spielt für die herangehenden und aktiven Trainer eine Rolle, jedoch nur eine recht geringe. Für einige Trainer steht die Förderung von Nachwuchsreitern, für die anderen die grundsätzliche Basisarbeit im Vordergrund ihres Handelns. Dabei ist der Aspekt Talente im Reitsport zu fördern, im Bereich der Fördermotive verschwindend gering.

6. Nachfrage bedienen

Ein weiteres Motiv der Trainer ihrer Tätigkeit nachzugehen ist, dass sie die Nachfrage nach Reitunterricht bedienen möchten. Neben der bestehenden Nachfrage nach Unterricht ist es auch die Verbundenheit zu ihren Reitschülern, die manche Trainer als Motivation für die Trainertätigkeit angeben.

5.3.2 Eigenwahrnehmung und vermutete Fremdwahrnehmung

Wie bereits in der Einleitung erläutert, wird der Trainer von seinen Schülern nicht als einer von ihnen wahrgenommen, sondern er besitzt eine Sonderposition. Der Trainer ist in der Unterrichtssituation der Fachmann für den Reitsport. In anderen Sportarten wie zum Beispiel Fußball ist diese Rolle klar definiert: In einem Geflecht von Akteuren, gilt der Trainer nach allgemeiner Auffassung als die wichtigste Sozialfigur auf der Interaktionsebene des organisierten Fußballs, er ist der Boss auf dem Platz (Jütting 2004, S. 91). Die Amateurreitlehrer sehen sich selbst allerdings nicht in einer solchen „Boss"-Rolle und schätzen auch, von ihren Schülern nicht in einer solchen Rolle wahrgenommen zu werden. Dies lässt sich daran erkennen, dass dem Begriff „Respektperson" im Bezug auf die Eigenwahrnehmung von den Trainern nur unterdurchschnittliche Zustimmung entgegengebracht wird. Von den acht vorgegebenen Begriffen (Berater, Motivator, Lehrer, Respektsperson, Vertrauter, Freund, Manager und Vorbild) liegt „Respektsperson" mit einem Mittelwert von 2,34 lediglich auf Rang sechs (s. Kap. 4.3, Fr. 194 - 201). Es ist erstaunlich, dass die Trainer sich selbst viel mehr als Motivator, Berater, Vorbild und Lehrer wahrnehmen als Respektsperson. Gerade in einer Sportart wie Reiten spielt der Sicherheitsaspekt im Training eine erhebliche Rolle. Daher wäre zu erwarten, dass sich Reitlehrer in stärkerem Maße als Respektsperson fühlen und demnach auch von ihren Schülern als eine solche wahrgenommen werden. Insbesondere im Falle einer kritischen Situation, wenn ein Pferd durchzugehen droht oder in Situationen, in denen ein Reitschüler sein Pferd - bewusst oder unbewusst – ungerecht behandelt, ist es unverzichtbar, dass der Reitschüler bedingungslos den Anweisungen seines Trainers Folge leistet. Dieses Folgeleisten von Anweisungen ist vor allem dann gewährleistet, wenn der Schüler seinen Trainer als Respektsperson ansieht, der im Zweifel die Entscheidungen fällt.

Stärker als bei dem Begriff Respektsperson stimmen die Eigenwahrnehmung der Trainer und die Forderungen, die an diese gestellt werden, bei dem Begriff „Vorbild" überein. Zweifellos wird von einem Trainer vorbildliches Handeln verlangt. „Jeder Ausbilder ist Vorbild für den Umgang mit den Kunden, die Art zu reiten, den Umgang mit den Pferden ebenso für die Einhaltung der

Stall- und Bahnordnung" (Reisloh 2008, S. 82). Und in dieser Vorbildrolle sehen die Trainer sich auch selbst (MW 1,74) (s. Kap. 4.3,Tab. 4.17).

Am stärksten sehen die Amateurreitlehrer sich selbst in der Rolle des Motivators (MW 1,61) und am wenigsten als Manager (MW 3,56) (s. Kap. 4.3, Fr. Tab. 4.17). Der Aspekt, dass ein Trainer auch Manager ist, gewinnt eher im Leistungsbereich an Bedeutung. Dann, wenn organisatorische Komponenten wie Turnierauswahl, Turnierplanung und Saisonplanung vermehrt in den Arbeitsbereich eines Trainers fallen. Da Leistungssport und vor allem Hochleistungssport mit regelmäßiger und leistungsorientierter Turnierteilnahme von den befragten Trainern mit eher unterdurchschnittlicher Häufigkeit unterrichtet werden (s. Kap. 4.2, Fr. 53 - 55), ist es nicht weiter erstaunlich, dass die Eigenwahrnehmung ebenso wie die vermutete Fremdwahrnehmung (MW 3,64) für den Begriff Manager im Bereich „trifft eher nicht zu" liegt.

Aufgrund der organisatorischen Komponente der Trainertätigkeit, wie dem Aussprechen von Tipps und Hinweisen in Haltungs- und Ausrüstungsfragen sowie zum allgemeinen Umgang mit dem Pferd, sehen die Trainer sich selbst als Berater (MW 1,73) und glauben auch, von ihren Schülern als solcher wahrgenommen zu werden (MW 1,85).

Insgesamt vermuten die Trainer, dass sie von ihren Schülern so wahrgenommen werden, wie sie sich auch selbst wahrnehmen, denn die Mittelwerte der Einschätzungen zur vermuteten Fremdwahrnehmung liegen bei allen vorgegebenen Begriffen sehr nahe an der Eigenwahrnehmung (s. Abb. 4.30).

Es ist bekannt, dass Trainer zur Kunden- und Mitgliederbindung in Vereinen und Betrieben beitragen können. Die FN selbst ist sich dieser Funktion der Trainer bewusst. Gerade vor dem Hintergrund der sinkenden Mitgliederzahlen im Zuge des demographischen Wandels (Deutscher Olympischer Sportbund 2010, S. 11) wächst diese Bedeutung in der Wahrnehmung von Trainern. Die FN sieht die Reitlehrer als Garant für eine hohe Zufriedenheit unter Reitsportlern. Der qualifizierte Trainer oder Ausbilder ist ein wichtiges Instrument, um Mitglieder zu halten und weitere Menschen an den Reitsport zu binden (Borchardt 2010, S. 7). Inwieweit die Amateurreitlehrer sich selbst in der Rolle einer Person sehen, die für die Kundenbindung verantwortlich ist, ist nicht bekannt. Zumindest ist dies nicht expliziter Inhalt der Trainerausbildung (s. Kap. 2.1 - 2.3).

Bei der Kundenbindung spielt der Freundschaftsaspekt eine wesentliche Rolle. Ein Ratschlag aus der Reitsportfachliteratur lautet, dass der Unterrichtende auch privaten Kontakt zu den Reitschülern pflegen sollte, ohne jemanden zu bevorzugen (Reisloh 2008, S. 82). Privaten oder freundschaftlichen Kontakt zu pflegen und andererseits den Forderungen nach Autorität gerecht zu werden, ist eine schwierige Aufgabe. Besonders vor dem Hintergrund, dass die Kunden der Amateurreitlehrer zunehmend anspruchsvoller werden. „Die Mutter auf der Tribüne hat heute nicht nur die Telefonnummer des Notarztes parat, sondern auch die ihres Anwalts", brachte Rechtsanwalt Gerd Sickinger die Situation des Ausbilders im Rahmen einer FN-Veranstaltung auf den Punkt (Kniesel-Eberhard 2010, S. 27). Insgesamt sind die Rollenbilder, die ein Trainer einnehmen kann beziehungsweise sollte, mitunter schwer zu vereinbaren und für den einzelnen Trainer eine Gratwanderung.

5.4 Bewertungen der Inhalte der Trainerausbildung

Entscheidend für mögliche Verbesserungsmaßnahmen der Trainerausbildung sind nicht nur die Zufriedenheitswerte, die Trainer den einzelnen Ausbildungsinhalten zuordnen, sondern auch die Wichtigkeit, die den Ausbildungsinhalten beigemessen wird. Daher wurden im Fragebogen diese beiden Aspekte parallel voneinander bei den Trainern abgefragt.

Nagel hat den Vergleich von Wichtigkeit und Zufriedenheit bei Vereinen genauer analysiert. Die Betrachtungen können jedoch auf die Trainerausbildung und deren Bewertung übertragen werden.

„Ein geringer Zufriedenheitswert scheint nicht so bedeutsam, wenn das entsprechende Merkmal eher unwichtig ist. Hat ein bestimmtes Merkmal eines Vereins dagegen eine hohe Wichtigkeit für die Mitglieder und die Zufriedenheit ist gering, so sollte hier unbedingt angesetzt werden. Der Vergleich von Wichtigkeit und Zufriedenheit ermöglicht es somit, die Stärken und Schwächen des Vereins aus der Mitgliedersicht zu analysieren" (Nagel 2004, S. 129)

Das im Folgenden angewandte Verfahren, das Kundenzufriedenheitsportfolio, stammt aus der Marketing- und Kundenzufriedenheitsforschung. Kundenzufriedenheitsportfolios werden mit dem Ziel der Strategie- und Maßnahmenfindung im Marketing genutzt (Nagel 2004, S. 130). In einem Koordinatensystem werden die Wichtigkeitswerte auf der waagerechten Achse und die Zufriedenheitswerte auf der senkrechten Achse abgetragen (Scharnbacher und Kiefer, 1996, S. 101-104).

Die graphische Darstellung (Abb. 5.4) gibt eine Übersicht über die Schwächen und Stärken der Trainerausbildung. Im Weiteren wird die Darstellung angewandt auf die Trainerausbildung Trainerzufriedenheitsportfolio genannt. Bei den im Koordinatensystem eingetragenen Punkten handelt es sich um Mittelwerte, die aus den Aussagen der Trainer ermittelt wurden. Diese Mittelwerte bezüglich Wichtigkeit und Zufriedenheit mit den Inhalten der Trainerausbildung können in Kapitel 4.4 nachvollzogen werden.

Alle Zufriedenheits- und Wichtigkeitsmittelwerte liegen unter 3 (s. Tab. 4.18). Das bedeutet, dass alle Inhalte von den Trainern als mehr oder weniger „wichtig" eingestuft werden, und dass die Trainer mit allen Ausbildungsinhalten mehr oder weniger „zufrieden" waren. Dieser Fall kommt bei Kundenzufriedenheitsstudien häufig vor und wird als „Anspruchsinflation" bezeichnet. Es bietet sich dann an, die Zufriedenheits- und Wichtigkeitsskalen zu verkürzen (Nagel 2004, S. 131). Die Skalen werden demnach nur von 1 bis 3 im Koordinatensystem aufgezeichnet. Nur so lassen sich differenzierte Aussagen treffen (Scharnbacher und Kiefer 1996, S. 101-104).

Der Quadrant rechts unten im Trainerzufriedenheitsportfolio wird „Zuviel des Guten?!" genannt (s. Abb. 5.4). In diesem Quadranten liegen solche Ausbildungsinhalte, mit denen die Trainer sehr zufrieden sind, deren Wichtigkeit sie dagegen eher gering einschätzen. Sind Merkmale in diesem Quadranten, sollten sich die verantwortlichen Verbände, Fachschulen, Ausschüsse und Entscheidungsträger fragen, ob in diesem Bereich nicht „Zuviel des Guten" angeboten wird und Ressourcen verschwendet werden. In der vorliegenden Arbeit gibt es allerdings keinen Inhalt der Trainerausbildung, bei dem zu viel Leistung bei geringer Bedeutung geboten wird.

Im Quadranten „Nicht so bedeutsam!" (oben rechts) sind Ausbildungsinhalte positioniert, die sowohl bezüglich der Wichtigkeit als auch bezüglich der Zufriedenheit von den Trainern eher gering eingestuft worden sind (s. Abb. 5.4). Sie spielen daher eine weniger große Rolle. Der folgende Inhalt der Trainer-

ausbildung ist bezüglich der Diskrepanzen zwischen Wichtigkeit und Zufriedenheit als nicht so bedeutsam einzustufen: Organisation des Reitsports.
Im Quadranten links unten, der mit „Weiter so!“ bezeichnet wird, befinden sich Ausbildungsinhalte, mit denen die Trainer zufrieden sind und die für sie wichtig sind (s. Abb. 5.4). Demnach liegt in der Reitlehre die Stärke der Trainerausbildung.

Handlungsempfehlung:
Der Ausbildungsinhalt Reitlehre sollte auch weiterhin im Zentrum der Bemühungen der Verantwortlichen stehen. Die Arbeit an der Qualität dieses Ausbildungsinhaltes darf nicht vernachlässigt werden; eher sollte die Reitlehre innerhalb der Trainerausbildung sogar noch weiter verbessert werden.

Den Ausbildungsinhalten im Quadranten „Hier ansetzen!“ muss die größte Beachtung zukommen (s. Abb. 5.4). Sie werden als wichtig eingestuft, erhalten jedoch von den Mitgliedern eher geringe Zufriedenheitsurteile. In diesen Bereichen liegt das größte Potential zur Erhöhung der Trainerzufriedenheit. Bei den folgenden Ausbildungsinhalten besteht Veränderungs- und Verbesserungsbedarf: Unterrichtserteilung, Praktisches Reiten, Sportpädagogik, Sportpsychologie, Trainingslehre, Methodik und Didaktik des Unterrichts, Tierschutz, Pferdehaltung/-Fütterung, Veterinärkunde, Sicherheit/Versicherungsfragen.

Handlungsempfehlung:
Ziel des Verbandes sollte es sein, dass möglichst viele dieser Bereiche der Trainerausbildung im Quadranten „Weiter so!“ positioniert werden können. Dieses Ziel kann dadurch erreicht werden, dass einerseits unter den Traineranwärtern Betroffenheit geschaffen wird für die Wichtigkeit dieser Themengebiete und andererseits die Qualität dieser Ausbildungsinhalte durch sorgfältig ausgewählte Dozenten und Überprüfung der Lehrmethoden verbessert wird.

Die geringe Anzahl der Trainer, die eine Reitlehrerhaftpflichtversicherung abgeschlossen haben (Kap. 5.1.3), verdeutlicht den Handlungsbedarf für den Punkt Sicherheit/Versicherungsfragen.

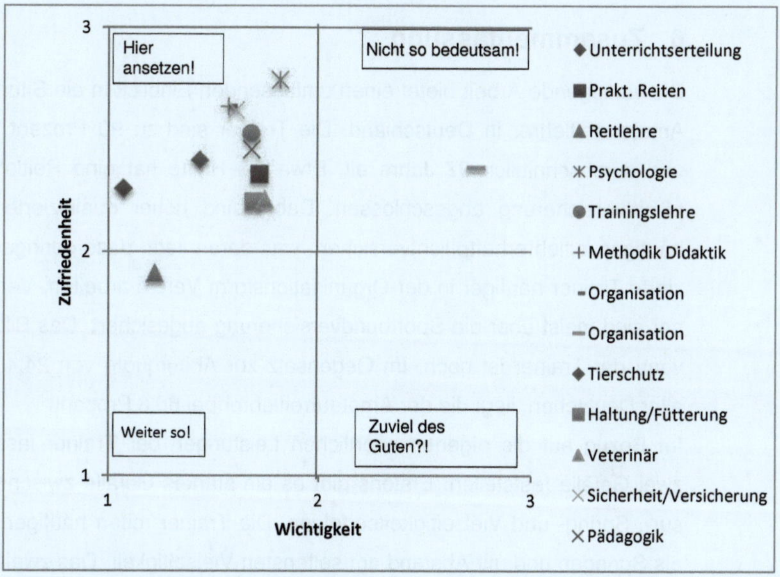

Abbildung 5.4: Trainerzufriedenheitsprotfolio
Quelle: Eigene Darstellung in Anlehnung an Nagel 2004, S. 133

6 Zusammenfassung

Die vorliegende Arbeit bietet einen umfassenden Einblick in die Situation der Amateurreitlehrer in Deutschland. Die Trainer sind zu 90 Prozent weiblich und durchschnittlich 37 Jahre alt. Etwa die Hälfte hat eine Reitlehrerhaftpflichtversicherung abgeschlossen. Dabei sind höher qualifizierte Trainer häufiger reitlehrerhaftpflichtversichert, was daran liegt, dass geringer qualifizierte Trainer häufiger in der Organisationsform Verein arbeiten. Vereinstrainer sind meist über die Sportbundversicherung abgesichert. Das Bildungsniveau der Trainer ist hoch. Im Gegensatz zur Abiturquote von 24,4 Prozent aller Deutschen, liegt die der Amateurreitlehrer bei 66,3 Prozent.

Im Bezug auf die eigenen sportlichen Leistungen der Trainer lassen sich zwei Gefälle feststellen. Erstens gibt es ein starkes Gefälle zwischen Dressur-, Spring- und Vielseitigkeitserfolgen. Die Trainer reiten häufiger Dressur als Springen und mit Abstand am seltensten Vielseitigkeit. Das zweite Gefälle erstreckt sich zwischen den Leistungsniveaus. Die Trainer können - wenn überhaupt – Turniererfolge auf niedrigen Niveaus vorweisen. Erfolge in den mittleren und schweren Klassen sind in allen drei Disziplinen äußerst selten. Diese Abstufung zwischen den Disziplinen bei den Turniererfolgen und der Turnieraktivität der Trainer spiegelt sich auch in ihrem Unterricht wieder.

Das Leistungsniveau, auf dem die Trainer unterrichten, spiegelt hingegen nur bedingt das Gefälle des Niveaus wieder, auf dem die Trainer selbst reiten. Breitensport wird erwartungsgemäß von fast allen Trainern unterrichtet und Hochleistungssport nur von einer geringen Anzahl. Leistungssport dagegen wird mit Blick auf das eigene, niedrige Leistungsniveau der Trainer häufig unterrichtet. Das lässt die Frage aufkommen, ob das eigene sportliche Leistungsniveau der Trainer hoch genug ist, um ihre Schüler kompetent und glaubwürdig zu unterrichten. Wünschenswert wäre eine Situation, in der das Leistungsniveau der Trainer mit dem Leistungsniveau der Schüler korreliert. Ziel sollte eine Förderung der leistungsorientierten Reiter in Vereinen und Betrieben sein, um diese zu Amateurreitlehrern auszubilden.

Die Trainer unterrichten lieber Kinder und Jugendliche als Erwachsene. Dieser Zustand, dass große Teile der Trainer vorzugsweise junge Schüler unterrichten wollen, ist problematisch, da sich im Zuge des demographischen Wandels die Altersverteilung verschiebt und die Trainer zunehmend Ältere unterrichten müssen. Aufgabe der Verbände ist, die Trainer auf die sich verändernden gesellschaftliche Situation vorzubereiten.

Die Stundenlöhne der Trainer sind gering. Durchschnittlich verdienen diese nur 19,80 Euro pro Stunde. Auch die Staffelung zwischen den Trainerqualifikationen ist gering: Trainer A verdienen im Mittel nur 24,10 Euro. Um ausschließlich von ihrem Trainerdasein leben zu können, müssten die Amateurreitlehrer deutlich mehr Geld pro Stunde einnehmen. Doch auch der geringe Arbeitsumfang spricht für eine nebenberufliche Tätigkeit, die mehr als Hobby genutzt wird und bestärkt die gesellschaftliche Entwicklung, die weg von einem festen Hauptberuf hin zu parallel organisierten Teilzeitjobs tendiert. Die monatlichen Einnahmen und das Arbeitspensum grenzen die Amateurreitlehrer deutlich von Pferdewirten und Pferdewirtschaftsmeister ab.

Die Politik des Verbandes bezüglich der DOSB-Lizenz erscheint nach den gewonnenen Ergebnissen fragwürdig. Weniger als die Hälfte der Trainer haben eine solche Lizenz und einem Drittel der Absolventen ist die DOSB-Lizenz völlig unbekannt. Trainer ohne Lizenz sind nicht an das Weiterbildungssystem des Verbandes gebunden und bringen ihm damit keinen finanziellen Vorteil. Es sollte kritisch hinterfragt werden, welche Vorteile Trainer durch die Lizenz haben. Außerdem sollten Maßnahmen zur Steigerung des Lizenzerwerbes durchgeführt werden (s. Kap. 5.2.4).

Trainer gehen ihrer Tätigkeit hauptsächlich aus organisatorischen Gründen, aus Freude an der Vermittlung und aufgrund des Wunsches, korrekte Ausbildung weitergeben zu wollen, nach. Der Wunsch, eigenes Wissen und Können zu erweitern, der Fördergedanke und die Notwendigkeit, Nachfrage zu bedienen, spielen untergeordnete Rollen.

Die Amateurreitlehrer sehen sich selbst nicht in der „Boss“-Rolle, denn ihre Selbstwahrnehmung als Respektperson ist gering. In einer Sportart wie Reiten, in der Sicherheit existentielle Bedeutung hat, ist das zweifelhaft. Am stärksten sehen die Trainer sich in der Rolle des Motivators. Die verschiedenen Rollen wie Freund, Berater und Respektsperson zu vereinbaren, stellt extreme Anforderungen dar.

Der in der Einleitung zitierte Präsident der Deutschen Reiterlichen Vereinigung Breido Graf zu Rantzau sieht den Schlüssel zum Erfolg eines Trainers im Willen zur eigenen Weiterbildung und zum Erfahrungsaustausch mit Wissenschaftlern und anderen Trainern. Und dann muss der Ausbilder es schaffen, aus theoretischer Erkenntnis praktisches Handeln werden zu lassen. Er muss sich also tatsächlich aufraffen und Zeit und Geld opfern, um sich weiterzubilden und neue Eindrücke zu sammeln (zu Rantzau 2009, S. 5).

An Willen zur Aktivität scheint es den 935 Trainern, die Teil der vorliegenden Arbeit waren, nicht zu mangeln. Die Tatsache, dass die offenen Fragen vielfach bis zum letzten Textzeichen ausgenutzt und als Möglichkeit zur Systemkritik genutzt wurden, zeigt großes Mitteilungsbedürfnis und Interesse daran, ihre Situation sowie das Aus- und Weiterbildungssystem zu verbessern. Zahlreiche Fragebögen waren mit zustimmenden Bemerkungen zu einer solchen Untersuchung versehen. Andere bezeichneten sie als überfällig. Dies kann als Ausdruck einer besonderen Verbundenheit der Befragten mit dem Reitsport interpretiert werden. Insgesamt macht die starke Rückmeldung Handlungsbedürfnis deutlich und fordert kritische Auseinandersetzung mit den Amateurreitlehrern. Aufschlussreich wären Untersuchungen, die das Weiterbildungsverhalten und den Umgang mit den Schülern analysieren. Über eine Personengruppe wie die Amateurreitlehrer, die in vielerlei Hinsicht eine Schlüsselrolle für den Reitsport darstellt, sollte es an fundiertem Wissen nicht mangeln. Der Stellenwert des Trainers kann nicht hoch genug eingeschätzt werden. Reitlehrer sind ausschlaggebend dafür, ob sich die Schüler wohlfühlen, ob sie bleiben oder zu einer anderen Sportart wechseln. Für Reitschüler ist der Trainer der erste Ansprechpartner. Reiter, Reitweise und Umgang mit dem Lebewesen Pferd werden durch ihn langfristig geprägt.

7 Literaturverzeichnis

Literatur

Adolph, H., & Euler, H. A. (1994). Warum Mädchen und Frauen reiten: Eine empirische Untersuchung. Psychomotorik in Forschung und Praxis: Bd. 19. Kassel: Univ. Gesamthochschule Fachbereich 03.

Adolphsen, J. (1997). *Haftungsrechtliche Folgen des Reitens ohne Helm.* Abgerufen über: http://www.pferdesport-nordbaden.de/Wissen/2010_FN_Reiten_ohne_Helm_Haftung.pdf. Zugriff am 15.08.2010

Atteslander, P. (1991). Methoden der empirischen Sozialforschung. (6. Neu bearb. u. erw. Auflage). Berlin & New York: de Gruyter.

Atteslander, P., & Cromm, J. (2008). *Methoden der empirischen Sozialforschung* (12., durchges. Aufl.). *ESV basics.* Berlin: E. Schmidt.

Baur, N. (2005). *Verlaufsmusteranalyse: Methodologische Konsequenzen der Zeitlichkeit sozialen Handelns* (Dissertation) Universität Bamberg, 2005. (1. Aufl.). Wiesbaden: VS Verlag für Sozialwissenschaften.

Bojer, M., Lütteken, K., Roth, R., Figge, T., Recker, E. (2008). *Projektbericht „In die Zukunft des Pferdesports investieren"* im Auftrag der Deutschen Reiterlichen Vereinigung e.V. (FN). Deutsche Sporthochschule Köln.

Borchardt, A. (2010). *3. FN-Bildungskonferenz "Ohne gute Ausbilder ist kein guter Sport zu haben".* PM-Forum, (8/10), S. 7ff. Abgerufen über: https://www.pferd-aktuell.de/Anlage93045/PM-Forum Ausgabe082010.pdf. Zugriff am: 28.07.2010

Borzt, J.& Döring, N. (2006) *Forschungsmethoden und Evaluation für Human- und Sozialwissenschaftler.* (4. Auflage). Heidelberg: Springer

Bühl, A. & Zöpfel, P. (2006). *SPSS 14. Einführung in die moderne Datenanalyse.* (10. überarbeitete und erweiterte Aufl.). München: Pearson.

Deutsche Reiterliche Vereinigung e.V. (FN). (2007). *FN-Handbuch Lehren und Lernen im Pferdesport.* (1. Aufl.). Warendorf: FN-Verlag.

Deutsche Reiterliche Vereinigung e.V. (FN). (2008). *Konzeption des Unterrichtsfaches „Organisation" bei Amateurausbilder-Lehrgängen.* Abgerufen über: http://www.teamlaemmle.de/index.php?option=com_docman&task=doc_download&gid=12&Itemid=99. Zugriff am: 01.08.2010

Deutsche Reiterliche Vereinigung e.V. (FN). (2009a). *APO Ausbildungs- und Prüfungs-Ordnung. Regelwerk für Ausbildung und Prüfung im Deutschen Pferdesport.* (Auflage: Gültig ab 1. Januar 2010). Warendorf: FN-Verlag.

Deutsche Reiterliche Vereinigung e.V. (FN). (2009b). *Besser Ausbilden. Trainer Reiten.* (4. überarbeitete Aufl.). Warendorf: FN-Verlag.

Deutsche Reiterliche Vereinigung e.V. (FN).(2010). *Jahresbericht 2009.* Zugriff über: http://www.fnverlag.de/misc/filePush.php?id=3370&name=Jahresbericht_2009.pdf. Zugriff am: 10.06.2010

Deutscher Olympischer Sportbund e.V. (2010). *Bestandserhebung 2009: Aktualisierte Fassung vom 15.04.2010.* Abgerufen über: http://www.dosb.de/fileadmin/fm-dosb/downloads/bestandserhebung/2009_Heft_Aktualisierung_vom_15.04.2010.pdf. Zugriff am: 07.04.2010

Deutscher Reiter- und Fahrerverband e.V., Fachgruppe Bundesvereinigung der Berufsreiter (2009). *Gehaltsempfehlungen* 2009/2010.

Deutsches Kuratorium für Therapeutisches Reiten e.V. (2010). *Staatlich anerkannte „Fachkraft für Heilpädagogische Förderung mit dem Pferd".* Abgerufen über: http://www.dkthr.de/downloads/Gesamtinformationen_ABBG_Bielfeld_Beginn_September_2010.pdf. Zugriff am: 23.08.2010

Diekmann, A. (1998). *Empirische Sozialforschung. Grundlagen, Methoden, Anwendung.* (5., durchgesehene Auflage). Reinbek bei Hamburg: Rowohlt.

Diekmann, A. (2007). *Empirische Sozialforschung: Grundlagen, Methoden, Anwendungen* (18. Auflage). *rororo Rowohlts Enzyklopädie: Vol. 55678.* Reinbek bei Hamburg: Rowohlt-Taschenbuch-Verlag

Dorbritz, J., Gärtner, K., Grünheid, E., Mai, R., Micheel, F. (2008). *Bevölkerung: Daten, Fakten, Trends zum demografischen Wandel in Deutschland.* Wiesbaden. Abgerufen über: http://www.bibdemografie.de/cln_090/nn_750454/SharedDocs/Publikationen/DE/Download/Broschueren/bev3__2008,templateId=raw,property=publicationFile.pdf/bev3_2 008.pdf. Zugriff am: 13.08.2010

Hauptmanns, P. (1999): Grenzen und Chancen von quantitativen Befragungen mit Hilfe des Internets. In: Batinic, B.; Werner, A.; Gräf, L.; Bandilla, W. (Hrsg.), *Online Research. Methoden, Anwendungen und Ergebnisse.* Göttingen.

Heyde, von der, C. (1999): Allgemeine Theorie von Random-Stichproben. In: ADM: Arbeitskreis Deutscher Markt- und Sozialforschungsinstitute e.V. (Hrsg.), *Stichprobenverfahren in der Umfrageforschung. Eine Darstellung für die Praxis.* Opladen.

Homburg, C. (2006). *Kundenzufriedenheit. Konzepte – Methoden – Erfahrungen.* (6. Auflage). Wiesbaden: Gabler Verlag

Jütting, D. H. (2004). *Die lokal-globale Fußballkultur - wissenschaftlich beobachtet.* Edition global-lokale Sportkultur: Vol. 12. Münster: Waxmann.

Kirchhoff, S., Kuhnert, S., Lipp, P. & Schlawin, S. (2003). *Der Fragebogen. Datenbasis, Konstruktion und Auswertung.* (3. Auflage). Opladen: Leske und Budrich.

Knisel-Eberhard, G. (2010). *Mehr als „Absatz tief“,*. PM-Forum, (6/10), S. 27, Abgerufen über: https://www.pferd-aktuell.de/Anlage89800/PM-ForumAusgabe062010.pdf. Zugriff am: 20.07.2010

Mayer, H. O. (2006). *Interview und schriftliche Befragung: Entwicklung, Durchführung und Auswertung* (3. Auflage). München: Oldenbourg.

Nagel, S., Conzelmann, A., Gabler, H. & Engel, C. (2004). *Sportvereine: Auslaufmodell oder Hoffnungsträger? ; die WLSB-Vereinsstudie. Sport in der heutigen Zeit: Vol. 4*. Tübingen: Attempto-Verlag.

Nordmann, L. (2009). *Wissen – Denken – Entscheiden – Handeln – Reflektieren: Grundmaxime erfolgreicher Trainertätigkeit.* Deutsche Reiterliche Vereinigung e.V.. Abgerufen über: https://www.pferd-aktuell.de/ Anlage83888/BroschuerezurzweitenBildungskonferenz.pdf. Zugriff am: 12.06.2010

Offermann, J.-A. (2010). Auswirkungen des demographischen Wandels auf den Reitsport in Deutschland. Handlungsstrategien für den organisierten Reitsport. (Diplomarbeit). Deutsche Sporthochschule Köln, Köln.

Plewa, M. (2009). *Unterricht im Pferdesport – gestern, heute und morgen.* Deutsche Reiterliche Vereinigung e.V.. PDF Abgerufen über: https://www.pferd-aktuell.de/Anlage83888/Broschuerezurzweiten Bildungskonferenz.pdf. Zugriff am: 12.06.2010

Reisloh, R. (2008). *Betriebswirtschaftslehre: Modernes Management für Pferdebetriebe und Reitvereine* (3. Aufl.). Warendorf: FN-Verlag.

Roth, R. & Türk, S. (2003). *Leitfaden für Diplomarbeiten am Institut für Natursport und Ökologie.* Schriftenreihe Natursport und Ökologie: Band 13. Deutsche Sporthochschule Köln.

Röthig, P., & Prohl, R. (2003). *Sportwissenschaftliches Lexikon* (7. Aufl.). Schorndorf: Hofmann.

Scharnbacher, K. & Kiefer, G. (1996), *Kundenzufriedenheit: Analyse, Messbarkeit und Zertifizierung*. Management für Studium und Praxis. München: Oldenbourg.

Schnell, R., Hill, P.B. & Esser, E. (1992). *Methoden der empirischen Sozialforschung*. (3., überarbeitet und erweiterte Auflage). München: Oldenbourg.

Schnell, R., Hill, P. B., & Esser, E. (2008). *Methoden der empirischen Sozialforschung* (8., unveränderte Auflage). *Lehrbuch*. München: Oldenbourg.

Statistisches Bundesamt (2009). *Bevölkerung Deutschlands bis 2060: 12. Koordinierte Bevölkerungsvorausberechnung*. Berlin. Abgerufen über: http://www.destatis.de. Zugriff am: 13.08.2010

Thiel, A., Huy, C., & Gomolinsky, U. (2008). Alterssport in Baden-Württemberg - Präferenzen, Motive und Settings für die Sportaktivität in der Generation 50+. *Deutsche Zeitschrift für Sportmedizin*, *59* (7-8), S. 163–167.

Tietze, D. Ö. T.-K. (2004). *Ökonomische, ökologische und gesellschaftliche Effekte von Pferdesport, -zucht und -haltung. Eine Biokybernetische Analyse für Deutschland* (Dissertation). Universität Hannover, Hannover

Wann, J. (2000). *Haftung und Versicherung im Pferdebereich*. Abgerufen über: http://www.fnverlag.de/misc/filePush.php?id=2931&name=Haftung_Versicherungen_Pferdebereich.pdf. Zugriff am 15.08.2010

zu Rantzau, B. (2009). *Vorwort zur zweiten Bildungskonferenz „Der Stellenwert des Trainers im Pferdesport"*. Deutsche Reiterliche Vereinigung e.V.. Abgerufen über: https://www.pferd-aktuell.de/Anlage83888/BroschuerezurzweitenBildungskonferenz.pdf. Zugriff am: 12.06.2010

Internetquellen:

DFBnet SpielPLUS (2010). Abgerufen über: http://dfbnet.org/vkal/mod_vkal/webflow.do?event=NEW&dmg_menu=1_50&dmg_company=DFB. Zugriff am: 28.09.2010

Haupt, J. (2007). *Tennis heute » Tennis lernen ».* Abgerufen über: http://www.tennis-heute.de/tennis-lernen-tennistrainer/. Zugriff am: 05.08.2010

Homilius, K. *Bestimmungen.* Abgerufen über: http://www.pferdesport-sachsen.de/185.html. Zugriff am: 15.08.2010

Landesreitschule.de (2010). *Amateurausbilderlehrgang Tr. C/A - Basissport - Lehrgänge* 2010. Abgerufen über: http://www.lrfs.de/lehrgang_detail.php?from=monat&pkey=554. Zugriff: 06.08.2010

Lehrwesen-Termine (2009). Abgerufen über: http://www.hg.itfoffenbach.com/html/lehrwesen/Ausb_Termine_Ausbildung_2009.html. Zugriff am: 28.09.2010

Pferdesportverband Weser-Ems e.V.. Abgerufen über: http://www.psvwe.de/landeslehrstaette/Lizenz_Verlaengerung.pdf Zugriff am: 06.08.2010

Statistisches Bundesamt (2007). *Statistisches Bundesamt Deutschland – Bildungsstand.* Abgerufen über: http://www.destatis.de/jetspeed/potal/cms/Sites/destatis/Internet/DE/Content/Statistiken/BildungForschungKultur/Bildungsstand/Tabellen/Content100/Bildungsabschluss,templateId=renderPrint.psml. Zugriff am: 19.09.2010

8 Anhang

Gesamtfragebogen

Fragebogen zur Trainertätigkeit im Reitsport

Deutsche Sporthochschule Köln
German Sport University Cologne

Deutsche Reiterliche Vereinigung
Fédération Equestre Nationale

1

Sind Sie derzeit als Trainer tätig?

- ◯ ja
- ◯ nein

2

Ihr Geburtsjahr?

bitte auswählen — **Auswahlbereich: 1920-1999**

3

Welches Geschlecht haben Sie?

- ◯ männlich
- ◯ weiblich

4

Welchem Landesverband gehören Sie an?

- ◯ Pferdesportverband Baden-Württemberg e.V.
- ◯ Bayrischer Reit- und Fahrverband e.V.
- ◯ Landesverband Pferdesport Berlin-Brandenburg e.V.
- ◯ Bremer Reiterverband e.V.
- ◯ Landesverband der Reit- und Fahrvereine Hamburg e.V.
- ◯ Pferdesportverband Hannover e.V.
- ◯ Hessischer Reit- und Fahrverband e.V.
- ◯ Landesverband Mecklenburg-Vorpommern für Reiten, Fahren und Voltigieren e.V.
- ◯ Pferdesportverband Rheinland e.V.
- ◯ Pferdesportverband Rheinland-Pfalz e.V.
- ◯ Pferdesportverband Saar e.V.
- ◯ Landesverband Pferdesport Sachsen e.V.
- ◯ Pferdesportverband Schleswig-Hostein e. V.
- ◯ Landesverband der Reit- und Fahrvereine Sachsen-Anhalt e.V.
- ◯ Thüringer Reit- und Fahrverband e.V.
- ◯ Landesverband Pferdesport Weser-Ems e.V.
- ◯ Provinzialverband westfälischer Reit- und Fahrvereine e.V.

5

Welche ist Ihre hochste bestandene Trainerprüfung?

- Trainer A Leistungssport
- Trainer B Leistungssport
- Trainer B Basissport
- Trainer C Leistungssport
- Trainer C Basissport
- Trainer C Schulsport

6

Wann war der Zeitpunkt Ihrer letzten Trainerprüfung?

bitte auswählen — **Auswahlbereich: 1990-2009**

7

Haben Sie momentan eine Reitlehrerhaftpflichtversicherung abgeschlossen?

- ja
- nein

8

Was ist Ihr hochster Schulabschluss?

- Universität/Fachhochschule
- Abitur
- Mittlere Reife
- Hauptschulabschluss
- kein Schulabschluss

9

Welche berufliche Tätigkeit üben Sie aus?

- Angestellter
- Beamter
- Arbeiter
- selbstständig
- freie Berufe
- Rentner/Pensionär
- Schüler/Student
- Hausmann/Hausfrau
- zur Zeit nicht berufstätig

10

Was ist Ihr höchster eigener Turniererfolg in der Dressur:	
bitte auswählen	**Auswahlbereich: siehe unten**

11

Was ist Ihr höchster eigener Turniererfolg im Springen:	
bitte auswählen	**Auswahlbereich: siehe unten**

12

Was ist Ihr höchster eigener Turniererfolg in der Vielseitigkeit:	
bitte auswählen	**Auswahlbereich: siehe unten**

13

Ihre aktuelle Leistungsklasse in der Dressur:	
bitte auswählen	**Auswahlbereich: siehe unten**

14

Ihre aktuelle Leistungsklasse im Springen:	
bitte auswählen	**Auswahlbereich: siehe unten**

15

Ihre aktuelle Leistungsklasse in der Vielseitigkeit:	
bitte auswählen	**Auswahlbereich: siehe unten**

16-27

Für wie wichtig halten Sie die folgenden Inhalte der Trainerausbildung grundsätzlich?	sehr wichtig	eher wichtig	teils/teils	eher unwichtig	sehr unwichtig
Unterrichtserteilung	○	○	○	○	○
Praktisches Reiten	○	○	○	○	○
Reitlehre	○	○	○	○	○
Sportpädagogik	○	○	○	○	○
Sportpsychologie	○	○	○	○	○
Trainingslehre	○	○	○	○	○
Methodik und Didaktik des Unterrichts	○	○	○	○	○
Organisation des Reitsports	○	○	○	○	○
Tierschutz	○	○	○	○	○
Pferdehaltung/-fütterung	○	○	○	○	○
Veterinärkunde	○	○	○	○	○
Sicherheit/Versicherungsfragen	○	○	○	○	○

28-39

Wie zufrieden waren Sie mit der Vermittlung dieser Bereiche während Ihrer eigenen Trainerausbildung?	sehr zufrieden	eher zufrieden	teils/teils	eher unzufrieden	sehr unzufrieden
Unterrichtserteilung	○	○	○	○	○
Praktisches Reiten	○	○	○	○	○
Reitlehre	○	○	○	○	○
Sportpädagogik	○	○	○	○	○
Sportpsychologie	○	○	○	○	○
Trainingslehre	○	○	○	○	○
Methodik und Didaktik des Unterrichts	○	○	○	○	○
Organisation des Reitsports	○	○	○	○	○
Tierschutz	○	○	○	○	○
Pferdehaltung/-fütterung	○	○	○	○	○
Veterinärkunde	○	○	○	○	○
Sicherheit/Versicherungsfragen	○	○	○	○	○

40

Warum haben Sie die Trainerausbildung gemacht?
Fassen Sie das bitte in einem Satz zusammen!

41

Beschreiben Sie warum Sie derzeit als Trainer aktiv bzw. nicht aktiv sind!
Fassen Sie das bitte in einem Satz zusammen!

Sollten Sie derzeit nicht als Trainer tätig sein, endet der Fragebogen für Sie an dieser Stelle.
Gehen Sie bitte nach ganz unten und schicken Sie den Fragebogen ab.

Vielen Dank für Ihre Mithilfe!

42-45

Wie häufig unterrichten Sie diese Zielgruppen?	regelmäßig	unregelmäßig	nie
Kinder bis 12 Jahre	○	○	○
Jugendliche 13 bis 18 Jahre	○	○	○
Erwachsene 19 bis 29 Jahre	○	○	○
Erwachsene über 30 Jahre	○	○	○

46-49

Wie sieht Ihr Wunschzustand der Verteilung der Zielgruppen aus?
Bringen Sie die Zielgruppen in eine Rangfolge! Dabei stellt Rang 1 die Gruppe dar, die Sie am liebsten unterrichten und Rang 4 diejenige, die Sie am wenigsten gern unterrichten. Sie dürfen jeden Rang nur einmal vergeben!

- bitte auswählen ▾ Kinder bis 12 Jahre
- bitte auswählen ▾ Jugendliche 13 bis 18 Jahre
- bitte auswählen ▾ Erwachsene 19 bis 29 Jahre
- bitte auswählen ▾ Erwachsene über 30 Jahre

Auswahlbereich: jeweils Rang 1 - Rang 4

50

Unterrichten Sie lieber Anfänger oder fortgeschrittene Reiter?

- ○ Anfänger
- ○ Fortgeschrittene
- ○ keine Präferenz

51

Unterrichten Sie lieber weibliche oder männliche Reitschüler?

- ○ weiblich
- ○ männlich
- ○ keine Präferenz

52

Unterrichten Sie lieber Reitschüler auf Schulpferden oder auf Privatpferden (inklusive Reitbeteiligung)?

- ○ Schulpferde
- ○ Privatpferde
- ○ keine Präferenz

53-71

Wie häufig unterrichten Sie in den folgenden Arbeitsbereichen:	immer	häufig	manchmal	selten	nie
Breitensport	◯	◯	◯	◯	◯
Leistungssport	◯	◯	◯	◯	◯
Hochleistungssport	◯	◯	◯	◯	◯
Anfängerunterricht	◯	◯	◯	◯	◯
Fortgeschrittenenunterricht	◯	◯	◯	◯	◯
Longenunterricht bei den ersten Kontakten mit dem Pferd	◯	◯	◯	◯	◯
Erwachsene Wiedereinsteiger	◯	◯	◯	◯	◯
Dressur	◯	◯	◯	◯	◯
Springen	◯	◯	◯	◯	◯
Geländeunterricht (Teildisziplin der Vielseitigkeit)	◯	◯	◯	◯	◯
Geländeunterricht ohne Springen	◯	◯	◯	◯	◯
Gelassenheit/Bodenarbeit	◯	◯	◯	◯	◯
Heilpädagogisches Reiten	◯	◯	◯	◯	◯
Hippotherapie	◯	◯	◯	◯	◯
Reiten als Behindertensport	◯	◯	◯	◯	◯
Western	◯	◯	◯	◯	◯
Barock	◯	◯	◯	◯	◯
Distanz	◯	◯	◯	◯	◯
Gangpferde	◯	◯	◯	◯	◯

72

Wenn ein Arbeitsbereich in dem Sie unterrichten nicht oben aufgelistet ist, nennen Sie diesen bitte.
Wenn kein Arbeitsbereich fehlt, lassen Sie das Feld bitte frei!

73

Wie häufig unterrichten Sie in diesem Arbeitsbereich?
Bitte nur beantworten, wenn Sie in der vorherigen Frage einen Arbeitsbereich ergänzt haben.

◯ immer

◯ häufig

◯ manchmal

◯ selten

74-77

Auf welchen Pferden reiten Ihre Reitschüler?	regelmäßig	unregelmäßig	nie
Auf Pferden der Schüler (inklusive Reitbeteiligung)	◯	◯	◯
Auf Schulpferden des Vereins/Betriebs	◯	◯	◯
Auf Schulpferden aus meinem eigenen Besitz	◯	◯	◯
Auf dem/den hauptsächlich von mir gerittenen Pferd(en)	◯	◯	◯

78-79

Wo unterrichten Sie Ihre Reitschüler?	regelmäßig	unregelmäßig	nie
Ich fahre zu meinen Schülern	◯	◯	◯
Meine Schüler kommen zu mir	◯	◯	◯

80-84

Wie viele Reitschüler unterrichten Sie in einer Stunde?	immer	häufig	manchmal	selten	nie
Einzelunterricht	◯	◯	◯	◯	◯
Unterricht zu zweit	◯	◯	◯	◯	◯
3-4 Schüler in einer Stunde	◯	◯	◯	◯	◯
5-7 Schüler in einer Stunde	◯	◯	◯	◯	◯
mehr als 7 Schüler in einer Stunde	◯	◯	◯	◯	◯

85

Wie viel Geld nehmen Sie durchschnittlich pro Reitstunde ein? (Euro pro 60 Minuten)	
bitte auswählen	Auswahlbereich: keine Angabe, 1..100, >100

86

Wie viele Reitstunden (60 Minuten) unterrichten Sie durchschnittlich pro Woche?	
bitte auswählen	Auswahlbereich: 1..40, >40

87

Wie viele verschiedene Reitschüler unterrichten Sie durchschnittlich in einer Woche?	
bitte auswählen	Auswahlbereich: 1..200, >200

88

Wie viele von diesen Schülern sind durchschnittlich männlich?	
bitte auswählen	Auswahlbereich: keine, 1..200, >200

89

Wie viele verschiedene Reitschuler unterrichten Sie durchschnittlich in einem Jahr?
bitte auswählen — **Auswahlbereich: 1..400, >400**

90

Wie viele von diesen Schülern sind durchschnittlich männlich?
bitte auswählen — **Auswahlbereich: keine, 1..400, >400**

91-95

In welcher Organisation führen Sie Ihren Unterricht durch?	immer	häufig	manchmal	selten	nie
Betrieb (Inhaber oder Angestellter eines kommerziellen Anbieters)	◯	◯	◯	◯	◯
Verein (als Trainer für Vereinsmitglieder)	◯	◯	◯	◯	◯
Lehrkraft an einer Schule (Reiten als Schulsport, Therapeutisches Reiten, Schul-AGs usw.)	◯	◯	◯	◯	◯
Freie Trainertätigkeit gegen Honorar	◯	◯	◯	◯	◯
Private Trainertätigkeit (als Freizeitaktivität, unentgeltlich)	◯	◯	◯	◯	◯

96

Haben Sie eine gültige DOSB-Lizenz? (DOSB = Deutscher Olympischer Sportbund)
◯ ja
◯ nein

97

Wenn Sie eine gültige DOSB-Lizenz haben: Seit wann?
bitte auswählen — **Auswahlbereich: 1920-2009**

98

Warum haben Sie keine gültige DOSB-Lizenz? Feld bitte nur ausfüllen, wenn Sie keine gültige DOSB-Lizenz haben!

99-101

Zu welcher Tageszeit unterrichten Sie?	immer	häufig	manchmal	selten	nie
vormittags	◯	◯	◯	◯	◯
nachmittags	◯	◯	◯	◯	◯
abends	◯	◯	◯	◯	◯

102-103

Wann geben Sie Reitunterricht?	immer	häufig	manchmal	selten	nie
Montag-Freitag	○	○	○	○	○
Samstag-Sonntag	○	○	○	○	○

104-106

Bieten Sie Lehrgänge an?	immer	häufig	manchmal	selten	nie
Reitabzeichenlehrgänge	○	○	○	○	○
themenbezogene Lehrgänge	○	○	○	○	○
Ferien- und Schulfreizeitlehrgänge	○	○	○	○	○

107-113

An theoretischen Weiterbildungsmaßnahmen welcher Anbieter nehmen Sie teil? Lehrgänge und Fortbildungen:	mehrmals im Jahr	einmal im Jahr	seltener	nie
der Deutschen Reiterlichen Vereinigung	○	○	○	○
der Landesverbände	○	○	○	○
der Deutschen Akademie des Pferdes	○	○	○	○
der Landes- Reit- und Fahrschulen	○	○	○	○
der Persönlichen Mitglieder der FN	○	○	○	○
anderer kommerzieller Anbieter	○	○	○	○
wissenschaftlicher Institutionen	○	○	○	○

114-118

Wenn Sie nur selten oder gar nicht an theoretischen Weiterbildungsmaßnahmen teilnehmen: Warum?	trifft zu	trifft nicht zu
Aus finanziellen Gründen.	○	○
In meiner näheren Umgebung gibt es keine Möglichkeiten.	○	○
Aus Zeitmangel.	○	○
Das bestehende Angebot trifft meine Interessen nicht.	○	○
Um meine Schüler unterrichten zu können, habe ich genug Wissen.	○	○

119

Falls ein Grund fehlen sollte, weshalb Sie nicht an theoretischen Weiterbildungsmaßnahmen teilnehmen, nennen Sie diesen bitte hier. Falls nicht, das Feld bitte leer lassen!

120-125

Nehmen Sie selbst noch praktischen Reitunterricht?	trifft zu	trifft nicht zu
Ja, ich nehme regelmäßig Unterricht.	◯	◯
Ja, allerdings nur gelegentlich.	◯	◯
Bei speziellen Lehrgangsangeboten.	◯	◯
Wenn ich ein spezielles Problem habe.	◯	◯
Nein, weil ich keine Gelegenheit dazu habe.	◯	◯
Nein, weil ich auch so das erreiche was mir wichtig ist.	◯	◯

126

Bilden Sie sich in Ihrem Beruf, in Ihren Hobbys und anderen Lebensbereichen fort?
(z.B. VHS-Kurse, Sprachkurse, Bildungsreisen, betriebliche Fortbildungen, ...)

◯ ja

◯ nein

127-129

Wie hoch ist Ihr Interesse und Ihre Bereitschaft an Weiterbildung in den folgenden Bereichen?	sehr groß	groß	mittel	gering	sehr gering
in Ihrem Beruf	◯	◯	◯	◯	◯
in Ihren Hobbys	◯	◯	◯	◯	◯
in Ihrer Trainertätigkeit	◯	◯	◯	◯	◯

130-163

Kreuzen Sie bitte an, inwieweit die folgenden Aussagen auf Sie zutreffen!	trifft zu	trifft eher zu	teils/teils	trifft eher nicht zu	trifft nicht zu
Ich gebe leidenschaftlich gern Reitunterricht.					
Ich arbeite gerne mit Kindern.					
Manchmal verliere ich im Reitunterricht auch die Geduld.					
Ich bin abhängig von dem Geld, das ich mit dem Unterrichten verdiene.					
Ich freue mich mit meinen Schülern, wenn im Unterricht etwas gut klappt.					
Manchmal resigniere ich, wenn es zu lange dauert bis ein Ziel erreicht wird.					
Ich gebe gerne mein Wissen und Können weiter.					
Ich arbeite gerne mit Erwachsenen.					
In Sachen Pferdesport bin ich immer für meine Schüler da.					
Ich gebe Reitunterricht aus Idealismus.					
Der finanzielle Aspekt des Unterrichtens spielt für mich eine Nebenrolle.					
Ich verbringe auch außerhalb des Unterrichts Zeit mit meinen Schülern.					
Bei Schülern, die Turniere reiten, ist mein Ehrgeiz größer die Schüler zu fördern.					
Ich glaube, dass ich jedes Pferd meiner Schüler besser reiten kann, als der jeweilige Schüler es kann.					
Ich komme jeden Tag/jede Woche motiviert zum Reitunterricht.					
Ich bereite mich im Vorhinein auf den Unterricht vor.					
Ich erstelle meinen Schülern Trainingspläne.					
Ich unterrichte Theorieeinheiten.					
Ich habe den Trainerlehrgang gemacht, um mich selbst reiterlich zu verbessern.					
Ich bin mit meiner körperlichen Fitness voll und ganz zufrieden.					
Ich frage meine Schüler, ob sie fühlen, was ich ihnen erkläre.					
Ich handele mit Pferden.					
Ich kann mit den unterschiedlichen Charakteren und Stimmungen meiner Schüler gut umgehen.					
Ich betreibe selbst noch andere Sportarten.					
Ich behandele jeden Schüler individuell.					
Pferdesport spielt in meiner Familie und meinem Umfeld eine große Rolle.					
Ich habe den Trainerlehrgang gemacht, um Erkenntniszuwachs zu erlangen.					
Für mich ist es völlig unwichtig, ob Schüler Turniere reiten oder nicht.					
Ich freue mich auf den Reitunterricht mit meinen Schülern.					
Ich bin mit allen Schülern gleich streng.					
Ich habe die Pferde meiner Schüler auch in Beritt.					
Ich bin mit meinem Körpergewicht zufrieden.					
Für mich gilt der Satz: Nur ein korrekt sitzender Reiter kann das Pferd optimal reiten.					
Ich bin über den Gesundheitszustand der Schulpferde bestens informiert.					

164-193

Kreuzen Sie bitte an, in welcher Häufigkeit die folgenden Aussagen auf Sie zutreffen!	immer	häufig	manchmal	selten	nie
Ich setze mich auf die Pferde der Schüler, wenn im Unterricht etwas nicht klappt.	◯	◯	◯	◯	◯
Ich spreche mit meinen Schülern auch über ihre Ernährung.	◯	◯	◯	◯	◯
Ich rufe die Schüler zu mir und bespreche in Ruhe, wenn etwas nicht funktioniert.	◯	◯	◯	◯	◯
Ich bespreche zu Beginn jeder Stunde das Ziel der jeweiligen Stunde.	◯	◯	◯	◯	◯
Ich achte darauf, ob meine Schüler außer Atem sind.	◯	◯	◯	◯	◯
Ich diskutiere mit den Schülern über den Gesundheitszustand ihrer Pferde.	◯	◯	◯	◯	◯
Ich begleite meine Schüler auf Turniere.	◯	◯	◯	◯	◯
In manchen Reitstunden schenke ich Gang und Haltung des Pferdes mehr Aufmerksamkeit als dem Sitz des Reiters.	◯	◯	◯	◯	◯
Ich bemühe mich aktiv, den Unterricht abwechslungsreich zu gestalten.	◯	◯	◯	◯	◯
Mein Reitunterricht dauert immer gleich lang, ich halte mich an feste Zeiten.	◯	◯	◯	◯	◯
Ich habe ein Ziel für jede Stunde vor Augen.	◯	◯	◯	◯	◯
Ich bespreche mit meinen Schülern auch außerhalb der Reitbahn Probleme und Fortschritte im Training.	◯	◯	◯	◯	◯
Ich spreche mit meinen Schülern auch über ihre körperliche Fitness.	◯	◯	◯	◯	◯
Ich arbeite mit den Schülern zusammen die Saisonplanung aus.	◯	◯	◯	◯	◯
In meinem Unterricht lege ich den Schwerpunkt meiner Korrekturen auf den Reiter.	◯	◯	◯	◯	◯
Ich weiß, wie lange meine Schüler aufnahmefähig sind.	◯	◯	◯	◯	◯
Ich gebe den Schülern Aufgaben, die sie bis zur nächsten Stunde üben sollen.	◯	◯	◯	◯	◯
Ich betreibe selbst Ausgleichssport zum Reiten.	◯	◯	◯	◯	◯
Ich fordere meine Schüler auf, Nachfragen zu stellen, wenn etwas unklar ist.	◯	◯	◯	◯	◯
Ich gebe meinen Reitschülern nach jeder Stunde ein Feedback.	◯	◯	◯	◯	◯
In meinem Unterricht lege ich den Schwerpunkt meiner Korrekturen auf das Pferd.	◯	◯	◯	◯	◯
Meinem Unterricht liegt die Ausbildungsskala des Pferdes zugrunde.	◯	◯	◯	◯	◯
Wenn meine Schüler Hilfe beim Kauf eines Pferdes brauchen, helfe ich als Vermittler.	◯	◯	◯	◯	◯
Ich lege großen Wert darauf, dass meine Schüler die theoretischen Grundlagen beherrschen, bevor sie vor neue Aufgaben gestellt werden.	◯	◯	◯	◯	◯
Ich gebe meinen Schülern Übungen an die Hand, die sie bis zur nächsten Stunde üben sollen.	◯	◯	◯	◯	◯
Wenn etwas gut geklappt hat, darf der Schüler auch schon mal früher aufhören.	◯	◯	◯	◯	◯
Ich achte auf eine ausreichend lange Lösungsphase zu Beginn und zum Ende der Stunde.	◯	◯	◯	◯	◯
Ich binde Stangenarbeit in den Unterricht ein.	◯	◯	◯	◯	◯
In manchen Reitstunden schenke ich dem Reiter mehr Beachtung als dem Pferd.	◯	◯	◯	◯	◯
Ich motiviere meine Schüler, sich auch anderweitig sportlich zu betätigen.	◯	◯	◯	◯	◯

194-201

Wie nehmen Sie sich selbst als Trainer wahr?	trifft voll zu	trifft eher zu	teils/teils	trifft eher nicht zu	trifft gar nicht zu
Berater	○	○	○	○	○
Motivator	○	○	○	○	○
Lehrer	○	○	○	○	○
Respektsperson	○	○	○	○	○
Vertrauter	○	○	○	○	○
Freund	○	○	○	○	○
Manager	○	○	○	○	○
Vorbild	○	○	○	○	○

202-209

Was glauben Sie wie Sie von Ihren Schülern wahrgenommen werden?	trifft voll zu	trifft eher zu	teils/teils	trifft eher nicht zu	trifft gar nicht zu
Berater	○	○	○	○	○
Motivator	○	○	○	○	○
Lehrer	○	○	○	○	○
Respektsperson	○	○	○	○	○
Vertrauter	○	○	○	○	○
Freund	○	○	○	○	○
Manager	○	○	○	○	○
Vorbild	○	○	○	○	○

210

Welche Einnahmen erzielen Sie im Monat durchschnittlich mit Ihrer Trainertätigkeit in Euro?

- ○ unentgeldlich
- ○ 0 - 50
- ○ 51 - 100
- ○ 101 - 250
- ○ 251 - 500
- ○ 501 - 1000
- ○ 1000 - 2000
- ○ > 2000
- ○ keine Angabe

MIX
Papier aus verantwortungsvollen Quellen
Paper from responsible sources
FSC® C105338

Printed by Books on Demand GmbH, Norderstedt / Germany